FELIPE PARENTE

VENCENDO OS CINCO REIS

DERRUBE OS **OBSTÁCULOS** QUE **IMPEDEM** A SUA **VITÓRIA**

Ágape

SÃO PAULO, 2018

Vencendo os cinco reis:
derrube os obstáculos que impedem a sua vitória

COORDENAÇÃO EDITORIAL: Rebeca Lacerda
PREPARAÇÃO: Breno Noccioli • Fernanda Guerriero Antunes
REVISÃO: Patrícia Murari • Rebeca Lacerda
CAPA: Dimitry Uziel
PROJETO GRÁFICO: Rebeca Lacerda

EDITORIAL
Jacob Paes • João Paulo Putini • Nair Ferraz
Rebeca Lacerda • Renata de Mello do Vale • Vitor Donofrio

Texto de acordo com as normas do Novo Acordo Ortográfico da Língua Portuguesa (1990), em vigor desde 1º de janeiro de 2009.

Dados Internacionais de Catalogação na Publicação (CIP)

Parente, Felipe
Vencendo os cinco reis: derrube os obstáculos que impedem a sua vitória / Felipe Parente. – Barueri, SP : Ágape, 2018.

1. Vida cristã 2. Pregação 3. Fé 4. Cristianismo 5. Felicidade I. Título

18-0756 CDD-248.4

Índice para catálogo sistemático:
1. Vida cristã 248.4

EDITORA ÁGAPE LTDA.
Alameda Araguaia, 2190 – Bloco A – 11º andar – Conjunto 1112
CEP 06455-000 – Alphaville Industrial, Barueri – SP – Brasil
Tel.: (11) 3699-7107 | Fax: (11) 3699-7323
www.editoraagape.com.br | atendimento@agape.com.br

Ágape

Gostaria de dedicar meu primeiro livro à pessoa que caminha ao meu lado todos os dias, aquela que se alegra, chora, vive e convive comigo.

Nós nos conhecemos em 1998, e não tínhamos nenhuma ideia de tudo aquilo o que o Senhor faria em nossa vida. Desde então, temos vivido inúmeros desafios e experiências com um Deus maravilhoso, que a cada dia se prova mais fiel.

Mila, você foi um presente de Deus para minha vida, e, sem dúvida alguma, eu não teria condições de exercer meu ministério sem tê-la ao meu lado. Para que eu escrevesse este livro, você sempre foi a maior apoiadora, e sempre acreditou que esse dia iria chegar.

Minha esposa, companheira e melhor amiga, estas páginas são dedicadas a você.

Te amo.

Em primeiro lugar, agradeço a Deus por Seu cuidado em minha vida, por sempre me direcionar, guiar e conduzir. Cada detalhe de minha história foi marcado pelo Seu cuidado, e por isso eu O louvo.

Agradeço à minha família – minha esposa, Mila, e meus filhos Isabella e Matheus –, por fazerem meu dia sempre mais completo e alegre.

Aos meus pais espirituais, apóstolo Rina e pastora Denise, aos meus pais biológicos, pastor Francisco e pastora Naidi, e aos meus sogros, Jairo e Josy, por sempre me ensinarem, aconselharem e incentivarem o meu chamado.

Vivenciar e testemunhar cada luta e vitória, e o esforço para cada conquista que vocês enfrentaram, sempre foi inspirador para mim.

A toda a equipe da Editora Ágape, que desde o início acreditou e trabalhou comigo neste projeto.

A cada ovelha com quem tenho convivido nesses anos de vida pastoral. Cada luta, cada testemunho, cada história de suas vidas têm me moldado e me preparado para cumprir minha missão na terra.

Deus os abençoe.

PREFÁCIO

Todos os dias, em nossas vidas, desafios novos são propostos, barreiras têm de ser vencidas, lutas e batalhas devem ser enfrentadas.

A Palavra de Deus nos diz no livro de Salmos, capítulo 144, que Deus prepararia nossas mãos para a batalha, e os dedos para a guerra.

Isso é uma demonstração do contexto espiritual que todo filho de Deus está envolvido: **DEUS VAI NOS PREPARAR PARA A GUERRA**.

Sonhamos com conquistas, temos planos para avançar, criamos a expectativa de viver algo melhor. Entretanto, para sermos capazes de conquistar vitórias, temos que ter disposição para lutar, e não apenas isso: devemos estar prontos para receber estratégias de Deus em meio às guerras.

O que Deus requer de cada um de nós é que tenhamos uma fé apostólica para crer em Suas promessas, e não dar ouvidos à voz do inimigo.

A pergunta seria então: o que frequentemente nos impede de avançar? O que nos tira a força no meio das lutas do dia a dia? O que abala a nossa fé?

O Pr. Felipe Parente é meu filho na fé, alguém que acompanho e conheço há aproximadamente 20 anos. Tenho o visto pessoalmente passar por lutas, vitórias, perdas, conquistas, sempre preservando sua fé e confiança em um Deus que tudo pode fazer.

Neste livro, baseado numa revelação extraída do livro de Josué, ele nos levará por uma caminhada estratégica em meio à batalha, fornecendo-nos ferramentas para derrotar os "reis", ou seja, os obstáculos que nos impediriam de prosseguir.

O livro está divido de maneira que em cada capítulo o autor abordará, de forma prática, como podemos confrontar cada um desses reis, fornecendo-nos ferramentas de contra-ataque contra nosso inimigo.

De maneira crescente, você irá ser revestido de força e receberá estratégias de Deus para confrontar aquilo que arquitetava contra o seu avanço.

Talvez alguma coisa tenha o desanimado, talvez você tenha perdido a direção e não saiba exatamente para onde prosseguir. Talvez, não consiga mais crer nas promessas de Deus para a sua vida, sua família ou seu ministério.

Este livro é pra você.

Que durante a leitura você possa ser profundamente marcado pela presença de Deus e receba uma nova perspectiva para prosseguir.

Deus te abençoe.

Apóstolo Rinaldo Seixas
Fundador da Igreja Bola de Neve

APRESENTAÇÃO

Creio que assim como eu, depois de anos de erros e acertos, alegrias e tristezas, você já chegou a uma conclusão no percurso de sua existência: a vida é composta de inúmeras batalhas.

A cada fase de nossa caminhada, desafios diferentes aparecem, obstáculos se impõem à nossa frente, barreiras que parecem intransponíveis começam a surgir a cada instante. O fato é que, mesmo experimentados na batalha, às vezes ainda nos falta experiência para batalhar.

Próximo aos meus 30 anos de idade, passei a ter contato novamente com o tênis, um esporte que havia praticado aos 18. De uma maneira despretensiosa, comecei a praticá-lo e gostar de tudo que o envolvia, e uma das coisas que me chamaram atenção nele foi o fato de envolver estratégias.

Mas, afinal, o que estou querendo dizer com isso?

De nada adianta entrar em quadra e simplesmente golpear a bolinha com toda força, se você não tiver uma estratégia de jogo predefinida, se não ler os movimentos de seu adversário e não se adaptar às circunstâncias de jogo. Se você não aplicar a estratégia adequada para jogar, um adversário aparentemente fraco tornar-se-á extremamente "forte" muito rápido. Em contrapartida, aquele que, por ser muito mais forte, ganharia facilmente o jogo, se não planejar bem sua estratégia, certamente perderá o desafio.

Muitas vezes, em nossas batalhas diárias, continuamos a lutar com as mesmas armas contra o mesmo inimigo, sem, no entanto, buscar em Deus uma estratégia e um plano de ação diferentes. Sei que as lutas continuarão, sei que muitas vezes é difícil continuar, mas também sei que nosso Deus, o "Senhor dos Exércitos", é quem garante o sucesso na batalha.

> No mundo tereis aflições, mas tende bom ânimo, eu venci o mundo. (Jo 16:33b – ARC)

Este livro é destinado a todos que enfrentaram, enfrentam e sabem que enfrentarão batalhas em todo o percurso de sua vida, mas que decidiram romper com as limitações que os impedem de vencer.

Interessado? Minha intenção é que você seja ministrado, ministre alguém e compartilhe o conteúdo deste livro, que surgiu de uma série de pregações que Deus me deu em algumas madrugadas: **VENCENDO OS CINCO REIS**.

Desfrute da leitura e que Deus o abençoe.

SUMÁRIO

INTRODUÇÃO

PÉS FORMOSOS

Que formosos são sobre os montes os pés do que anuncia as boas-novas, que faz ouvir a paz, que anuncia coisas boas, que faz ouvir a salvação, que diz a Sião: O teu Deus reina! (Is 52:7)

Nas batalhas que enfrentamos, uma das coisas mais importantes é a capacidade de continuar caminhando. Aquele que continua a caminhar sabe que, de alguma forma, Deus controlará e conduzirá seus passos.

Caminhar parece ser relativamente fácil, mas, quando as guerras começam a aparecer e as lutas se intensificam, isso se torna extremamente complicado. Então, como aprender a caminhar sendo direcionado por Deus em meio à adversidade?

Existem muitas lições que podemos aprender, e dentre as quais destacamos algumas.

Primeira lição: devemos deixar Deus ser o condutor dos nossos caminhos.

> Lâmpada para os meus pés é a tua palavra e, luz para os meus caminhos. (Sl 119:105)

A palavra luz, no original hebraico do salmo que lemos anteriormente, é a palavra *ówr*, que possui vários significados: a luz que rompe a madrugada para a manhã ter início; um raio de luz; a luz da vida; a luz da prosperidade; a luz de instrução; e a luz de Sua face.

Se analisarmos com mais cuidado o momento em que Deus cria todas as coisas, em Gênesis, capítulo 1, percebemos algo bastante interessante. No versículo 3, vemos que o primeiro comando dado por Deus na criação foi "Haja Luz". Isso nos leva a entender, portanto, que a primeira coisa de que precisamos para enxergar melhor é que a Luz se manifeste. Caso contrário, em muitas circunstâncias, quando obscuras, somos impedidos de enxergar a verdadeira resposta ou solução.

Um detalhe importante é que, somente no quarto dia de criação, Deus fez os luminares no firmamento do Céu, para que iluminassem a terra. Interessante, não é verdade?

Como, então, o versículo 3 de Gênesis, capítulo 1, nos afirma que houve Luz no começo da Criação, se somente no quarto dia Sol, Lua e estrelas foram criados? Que Luz era essa? Certamente, essa Luz que esteve desde o início da Criação não era uma luz natural.

> No princípio era o Verbo, e o Verbo estava com Deus, e o Verbo era Deus. Ele estava no princípio com Deus. Todas as coisas foram feitas por intermédio Dele, e sem Ele nada do que foi feito se fez [...] E o Verbo se fez carne e habitou entre nós, cheio de graça e de verdade, e vimos a sua **glória, glória** como do unigênito do Pai. (Jo 1:1-3;14)

Veja que coisa maravilhosa: se o Pai esteve presente na Criação, liberando a Palavra, se o Espírito esteve presente, movendo-se sobre as águas, se o Filho esteve presente, manifestando Sua glória, a Luz da criação não foi natural, mas sobrenatural. Ela foi a manifestação do próprio Filho, fazendo novas todas as coisas.

Existem momentos em nossa vida em que a única coisa de que precisamos é de um "Haja luz" que venha do Alto. Quando Deus ilumina uma situação, passamos a enxergar claramente saídas e respostas para áreas que até então estavam escuras.

Segunda lição: Deus vai cuidar de cada passo em sua caminhada.

Você conhece aquela brincadeira em que alguém vendado gira muitas vezes, e quando se tira a venda a pessoa não sabe para onde ir? Às vezes nos sentimos assim, sem convicção de qual será a próxima atitude ou o próximo passo. Entenda: Deus está à disposição para conduzir seus passos:

> O Senhor firma os **passos** do homem bom e no seu caminho se compraz; se cair, não ficará prostrado, porque o Senhor o segura pela mão. (Sl 37:23,24)

É importante notar que a Bíblia fala em "passos", ou seja, tudo depende de um *processo*; as coisas não acontecem instantaneamente, os problemas muitas vezes não têm solução imediata. É necessário entregar a Deus a direção da caminhada, e renegar todo desespero, toda angústia e toda falta de fé.

Ao seguir esses passos, *Deus encherá seus pés de autoridade*. Quando o Pai é o condutor, os passos são confirmados por Ele, isto é, o próprio Senhor garante o sucesso da caminhada. Os passos não são dados na força humana, mas quem os valida é o próprio Deus. É crucial, então, desenvolver o hábito de buscar a Deus, deselvolver intimidade com Ele. E como conseguimos isso?

Infelizmente, uma característica da geração atual é a ausência do hábito da leitura. Todos os aparatos eletrônicos que temos nos dão a praticidade de resolver coisas com um simples toque de tela, sem a necessidade de nos aprofundarmos no conteúdo de um texto. Os principais aparelhos telefônicos e *tablets* não vêm mais com manual de instruções: são praticamente intuitivos; dúvidas são solucionadas em algum fórum ou rede social.

Superficialmente, não há nada de errado nisso, mas esse não deve ser nosso padrão de buscar a Deus. Um dos maiores benefícios que temos é o de poder buscar ao Pai livremente, porém poucos usufruem desse privilégio. Em outras palavras, nossa busca não pode ser feita de maneira automática, ou com pressa. Para buscar a Deus, portanto, precisamos aprender o benefício de investir tempo em Sua presença. A nossa geração precisa de zelo e amor por tempo na presença de Deus. No entanto, como investir tempo de maneira produtiva em Sua presença? Cada um tem a sua rotina, seu tempo e a sua maneira de buscar ao Senhor, mas eu separei cinco pontos importantes nesse processo:

1) Coloque a busca a Deus como prioridade em sua agenda. Retire as distrações, desligue um pouco o telefone, deixe de lado os *tablets* e computadores. **Tenha apenas um foco: desfrutar da presença de Deus**.

2) Entenda qual deve ser a base de seu momento de busca: **adoração**. Inicialmente, não se preocupe em pedir nada; pelo contrário, **adore-O por aquilo que Ele é**.

3) **Esteja disposto a "passar tempo"** em Sua presença. Esqueça o relógio por alguns momentos. Quanto mais tempo passar em Sua presença, mais experiências vai adquirir com Ele, e, mesmo que fique horas em busca, a sensação sempre será a de que aquelas horas passaram rápido demais.

4) **Saiba esperar** o momento certo para a Sua manifestação e resposta, a presença de Deus deve ser desfrutada, e não explorada.

5) **Tenha sempre uma Bíblia à mão**, porque ela será o seu manual para os tempos de busca.

Em muitos lugares, a leitura bíblica é reprimida, não existem traduções adequadas, e é necessário fazer esforços inimagináveis para ler a Palavra. Em nosso país, temos acesso à Bíblia com um simples toque na tela do celular, e mesmo assim as pessoas vivem distantes do tempo que deveriam ter com Deus.

Tenha prazer em ler a Palavra, e a capacidade dela de alimentá-lo, instruí-lo, direcioná-lo, curá-lo, desenvolvê-lo e revesti-lo de autoridade o surpreenderá.

Possuir autoridade é ter voz de comando – ou seja, ter a palavra final. Quando a Bíblia nos promete autoridade, isso quer dizer que quem dita as regras é quem representa o Senhor. Ao conhecermos as Escrituras, passamos a entender tudo aquilo que o Pai nos prometeu, e como podemos caminhar em liberdade, autoridade e poder.

Quem tem intimidade com a Palavra passa a ter voz de comando na guerra. Essa é a autoridade que a Bíblia nos oferece. Como Ele nos deu poder de sermos chamados Filhos de Deus, ao crermos em Jesus Cristo, temos da parte Dele, então, essa voz de comando.

Eu poderia, resumidamente, definir a autoridade dada por Deus em quatro fases: unção derramada, fé ativada, poder concedido e força para avançar. Creio que, durante a leitura deste livro, Deus há de te revestir de autoridade, e a cada dia você sentirá um nível dessa autoridade lhe sendo concedido.

UNÇÃO

FÉ

PODER

FORÇA

> Todo lugar que pisar a planta do vosso pé, desde o deserto, desde o Líbano, desde o rio, o rio Eufrates, até ao mar ocidental, será vosso. Ninguém vos poderá resistir; o Senhor, vosso Deus, porá sobre toda terra que pisardes o vosso terror e o vosso temor, como já vos tem dito. (Dt 11:24,25)

Uma vez que o Senhor lhe concede autoridade, a posição do inimigo na guerra já está definida.

> Disse o SENHOR ao meu Senhor: Assenta-te à minha mão direita, até que ponha os teus inimigos por **escabelo dos teus pés**. O SENHOR enviará o cetro da tua fortaleza desde Sião, dizendo: Domina no meio dos teus inimigos. (Sl 110:1,2 – ARC)

Escabelo é o mesmo que estrado, algo que está debaixo. O texto transcrito anteriormente usa esse termo para aqueles que conheciam o regime monárquico, que era o sistema em atividade naquela época. Escabelo era a base do trono do rei, o local onde, depois de se assentar, ele colocava os pés; algo parecido com um degrau. Veja o exemplo:

> Fez mais o rei um grande trono de marfim e o cobriu de ouro puro. O trono tinha seis degraus e um estrado de ouro a ele pegado; de ambos os lados, tinha braços junto ao assento e dois leões junto aos braços. (2Cr 9:17,18)

Nesse texto, a Bíblia se refere a uma posição de autoridade, de um rei que está assentado no trono e que, havendo conquistado a vitória, deixou o inimigo debaixo de seus pés. Por mais que o inimigo ataque, ameace, persiga e fira, o lugar dele na batalha já está garantido, pois a Bíblia assim nos assegura:

> Mas este [Cristo], havendo oferecido para sempre um único sacrifício pelos pecados, está assentado à destra de Deus, daqui em diante esperando até que os seus inimigos sejam postos por **escabelo de seus pés**. (Hb 10:12,13 – ARC)

Nessa referência clara ao sacrifício de Jesus, o autor de Hebreus mostra que Sua entrega definitiva colocou o inimigo em um só local na batalha: debaixo de Seus pés. No entanto, não apenas o sacrifício de Jesus posiciona o inimigo à condição de dominado, mas também tira o poder de sua maior arma.

> Porque convém que reine até que haja posto a todos os inimigos debaixo de seus pés. O último inimigo a ser destruído é a morte. (1Co 15:25,26)

O poder de Jesus Cristo acaba com a principal arma do inimigo, que seria o poder de matar. Quando passamos a caminhar nessa revelação, entendemos que não existe poder de morte que seja maior do que o poder de nosso Deus. Não importa em qual área de nossa vida esse poder de morte esteja querendo se manifestar, a autoridade e o poder de Deus nos mostram que só existe um lugar para o inimigo no meio da batalha:

> Para que o Deus de nosso Senhor Jesus Cristo, o Pai da glória, vos conceda espírito de sabedoria e de revelação no pleno conhecimento dele, iluminados os olhos do vosso coração, para saberdes qual é a esperança do seu chamamento, qual a riqueza da glória da sua herança nos santos e qual a suprema grandeza do seu poder para com os que cremos, segundo a eficácia da força do seu poder; o qual exerceu ele em Cristo, ressuscitando-o dentre os mortos e fazendo-o sentar à sua direita nos lugares celestiais, acima de todo principado, e potestade, e poder, e domínio, e de todo nome que se possa referir não só no presente século, mas também no vindouro. **E pôs todas as coisas debaixo dos pés** e, para ser o cabeça sobre todas as coisas, o deu à igreja. (Ef 1:17-22)

Com base na Palavra anterior, compreende-se que Deus deposita sobre nossa vida um alto nível de autoridade no mundo espiritual.

Houve um momento em que Israel atravessava uma guerra muito importante e feroz contra os seus inimigos. Entre as características mais importantes na batalha, como força, habilidade e disposição, certamente a de maior relevância é a capacidade de ter estratégia.

Leia com atenção este trecho das Escrituras, porque ele é a base para a revelação deste livro:

> Aqueles **cinco reis**, porém, fugiram e se esconderam numa cova em Maquedá. E anunciaram a Josué: **Foram achados os cinco reis escondidos numa cova em Maquedá**. Disse, pois, Josué: Rolai grandes pedras à boca da cova e ponde junto a ela homens que os guardem; porém vós não vos detenhais; persegui os vossos inimigos e matai os que vão ficando atrás; não os deixeis entrar nas suas cidades, porque o Senhor, vosso Deus, já vo-los entregou nas vossas mãos. Tendo Josué e os filhos de Israel acabado de os ferir com mui grande matança, até consumi-los, e tendo os restantes que deles ficaram entrado nas cidades fortificadas, voltou todo o povo em paz ao acampamento a Josué, em Maquedá; não havendo ninguém que movesse a língua contra os filhos de Israel. Depois, disse Josué: Abri a boca da cova e dali trazei-me aqueles cinco reis. Fizeram, pois, assim e da cova lhe trouxeram os cinco reis: o rei de Jerusalém, o de Hebrom, o de Jarmute, o de Laquis e o de Eglom. Trazidos os reis a Josué, chamou este todos os homens de Israel e disse aos capitães do exército que tinham ido com ele: **Chegai, ponde o pé sobre o pescoço destes reis.** E chegaram e puseram os pés sobre os pescoços deles. Então, Josué lhes disse: **Não temais, nem vos atemorizeis; sede fortes e corajosos, porque**

assim fará o Senhor a todos os vossos inimigos, contra os quais pelejardes. (Js 10:16-25)

Em meio à batalha, existe um local para colocar o inimigo: o estrado dos pés. Isso representa domínio, e esse é o lugar onde Deus dá o poder de conquista em meio à guerra.

O leitor está se lembrado da história de Davi? Logo após derrotar Golias, ele colocou o pé sobre o gigante para finalizá-lo (1Sm 17:49-51).

Sejam quais forem as adversidades enfrentadas hoje, ou a serem combatidas durante anos – as respostas que ainda não chegaram, os rompimentos que não foram feitos, ou os milagres profetizados e aguardados –, com um posicionamento de fé, Deus dará a vitória na batalha.

> E o Deus da paz, em breve, esmagará debaixo dos vossos pés a Satanás. A graça de nosso Senhor Jesus seja convosco. (Rm 16:20)

Eu sei que, assim como eu, você deve enfrentar muitas batalhas. Na realidade, praticamente todos os dias temos desafios a enfrentar, batalhas a lutar, tribulações a suportar. Entretanto, há um posicionamento que devemos tomar em meio à guerra.

> O que **habita** no esconderijo do Altíssimo e descansa à sombra do Onipotente diz ao Senhor: Meu refúgio e meu baluarte, Deus meu, em quem confio. (Sl 91:1,2)

A raiz da palavra "habita", do hebraico *yashab*, no salmo transcrito significa "assentar-se". Isso é muito interessante, porque normalmente a imagem que nos remete a um guerreiro é a de alguém com uma espada na mão, em pé, suado, no calor da batalha. Isso, naturalmente, é crucial, porém, em uma guerra, as principais decisões e estratégias não são traçadas pelos soldados, mas pelos comandantes, que estão *sentados* em posição de comando.

Sim, existem momentos em que devemos ser como soldados, com espadas nas mãos, prontos para guerrear. No entanto, há aqueles em que devemos exercer nossa autoridade de comandantes, que se sentam para receber estratégias. Ao nos assentarmos, o lugar do inimigo já está definido: debaixo, no escabelo, dos nossos pés.

É tempo de nos levantarmos em fé e autoridade, e clamarmos ao Rei dos reis que coloque seus inimigos como escabelo de seus pés.

PREPARE-SE PARA VENCER OS CINCO REIS.

PRIMEIRO REI

REJEIÇÃO

Eis que a virgem conceberá e dará à luz um filho, e ele será chamado pelo nome de Emanuel (que quer dizer: Deus conosco). (Mt 1:23)

Sem dúvidas, um dos piores sentimentos que enfrentamos é a solidão. Ninguém gosta de se sentir sozinho, sem companhia e sem alguém para dividir a vida; não é à toa que Deus, quando cria o homem, diz: "não é bom que o homem esteja só" (Gn 2:18). Ele já sabia dessa necessidade humana. No entanto, todo mundo, em algum momento de sua existência, passa por sentimentos de solidão.

Buscando preencher esse vazio, há pessoas que sentem a necessidade de casar apressadamente, outras, apesar de casadas, ainda se sentem sozinhas; e ainda há aquelas que esperam que Deus lhes dê filhos. Enfim, há pessoas que, mesmo rodeadas de gente, ainda se sentem sozinhas. É difícil enfrentar a solidão, entretanto pior ainda são os efeitos que ela apresenta.

Existe um *rei* que precisa ser derrotado desde o início da batalha, e é tempo de aniquilá-lo. O nome dele é **REJEIÇÃO**, um sentimento que precisa ser extirpado de nossa vida para que possamos prosseguir na batalha; caso contrário, fica praticamente impossível caminhar adiante. Mas como a rejeição tenta nos paralisar?

A rejeição nos faz pensar que somos pequenos demais para o agir de Deus

> Quem há semelhante ao Senhor, nosso Deus, cujo trono está nas alturas, que se inclina para ver o que

> se passa no céu e sobre a terra? Ele ergue do pó o desvalido e do monturo, o necessitado, para o assentar ao lado dos príncipes, sim, com os príncipes do seu povo. (Sl 113:5-8)

Sempre que a perspectiva de um tempo novo acontece em nossa vida, o inimigo rapidamente tenta apontar nossas limitações, trazendo descrença naquilo que Deus pode fazer. A tentativa do inimigo é nos acusar, ou acuar, para que olhemos para nossa pequenez, nossas falhas e defeitos como se eles fossem impedimentos para que o agir de Deus nos leve a viver coisas maiores, e não recebamos Suas promessas. Esse é o sentimento de rejeição.

Sentenças que fazemos a nós mesmos, como: "Eu não tive estudo suficiente", "A vida não me deu oportunidades", "As portas nunca se abrem fácil para mim", "Eu não nasci em berço de ouro", são afirmações que o inimigo gera em nossa mente com a intenção de que esse rei, chamado ***rejeição***, impeça-nos de obter conquistas em meio à batalha.

Para derrotarmos a rejeição, é importante entendermos que **todo sentimento tem uma raiz**. A pergunta, então, é: "qual é a raiz de rejeição que ainda tenta me afligir no meio da guerra?".

Muitas vezes, a raiz da rejeição vem dos pais. Infelizmente, grande parte dos que estão lendo este livro agora cresceu em um ambiente familiar disfuncional. Em muitos casos, os pais são ausentes, abusivos, agressivos, não são a figura que o filho esperava ter de seus genitores. Talvez nunca tenham falado palavras de afirmação e validação, e dificilmente tenham feito elogios ou incentivos ao crescer, o que traz insegurança quando a batalha se inicia.

Os pais deveriam ser canais de nutrição ao longo de nossa história. Quando isso não acontece, lacunas se tornam presentes na vida adulta, invadem constantemente nossa mente e nos impedem de crescer. Constantemente, então, ataques de identidade se tornam frequentes, porque em algum momento faltaram o cuidado, a afirmação e a atenção necessários para nutrir adequadamente.

Estou falando de uma geração que cresceu fazendo de tudo para ver se alguém se importava: ou o indivíduo virou *workaholic* e começou a trabalhar muito, ou se destruiu no vício nas drogas, nos medicamentos controlados, nos entorpecentes, ou então começou a apresentar disfunções, promiscuidades e imoralidades, para ver se alguém lhe dava valor.

Aparentemente, ninguém se importa com ninguém. Todos são extremamente individualistas, correndo atrás somente de seus interesses pessoais. **Mas o Pai se importa com você!**

A solução para que a rejeição proveniente de seus problemas familiares não o atacar mais no presente é liberar perdão aos seus pais, à sua família ou a quem quer que lhe tenha trazido esse sentimento, por aquilo que possam ter feito, ou então pelo que deixaram de fazer. Receba a cura para essas feridas, e escolha olhar para sua história como um testemunho do resgate de Deus, não com rejeição por parecer ter sido esquecido ao longo da vida.

Por que é tão importante acabar com a raiz desse sentimento de rejeição? Porque ela gera independência. Com o passar do tempo, aquela sensação de que ninguém se importa conosco une-se à ausência de incentivo e gera esse caminhar independente: passamos a andar, conquistar, agir e viver sozinhos.

Não haveria problema algum nisso, a não ser pelo fato de que essa independência de vida, quando tem como raiz a rejeição, acaba por afetar nosso relacionamento com o próprio Deus.

De acordo com o salmo 37:5 – "Entrega o teu caminho ao Senhor; confia nele, e ele o fará" –, a Bíblia mostra que nosso relacionamento com Deus é baseado na entrega, na confiança e na dependência; mas, quando a raiz de rejeição se manifesta, às vezes, parece que não dependemos mais Dele.

Vive-se sem expectativa, submissão, conselho ou direcionamento. Isso tudo porque simplesmente aprendeu-se a não depender de ninguém. Toda e qualquer figura de autoridade não representa muito para o independente, porque ele aprendeu a fazer tudo sozinho. Dificilmente, busca aconselhamento, pede oração ou desenvolve amizades que edifiquem espiritualmente, porque se insiste em dizer: "Eu me viro sozinho". Por mais que isso possa parecer normal, nada mais é do que um sentimento de rejeição que impede o crescimento.

De tempos em tempos, no meio da guerra, o sentimento de rejeição tenta nos paralisar, fazendo-nos pensar que fomos esquecidos, que ninguém se importa, e que até mesmo Deus está ocupado demais para nós. **Apesar desses ataques, a verdade é que o nosso Pai realmente se importa conosco.**

> Porque Deus **amou** ao mundo de tal maneira que deu o seu Filho unigênito, para que todo aquele que nele crê não pereça, mas tenha a vida eterna. (Jo 3:16)

Deus entra em nossa história e muda nosso destino. Cada um sabe com o que esteve envolvido e como isso o conduziria para a morte. Ele se importou contigo e enviou Seu Filho para morrer pela humanidade, para que você não tivesse de morrer escravo daquilo que o aprisionava.

Antes de escutar a voz da rejeição, cada um deve saber o quão importante é para Deus.

> Batizado Jesus, saiu logo da água, e eis que se lhe abriram os céus, e viu o Espírito de Deus descendo como pomba, vindo sobre ele. E eis uma voz dos céus, que dizia: **Este é o meu Filho amado**, em quem me comprazo. (Mt 3:16,17)

Esse é um dos momentos mais marcantes de toda a Escritura. Jesus aparece publicamente para ser batizado, e é confirmado por Deus em Sua missão. Repare num detalhe importantíssimo: aos ouvidos de todos que ali estavam, o Senhor chamou Jesus de *Filho*. Ele escutou, diretamente do Seu Pai, quem Ele realmente era. Agora, leia este trecho:

> A seguir, foi Jesus levado pelo Espírito ao deserto, para ser tentado pelo diabo. E, depois de jejuar quarenta dias e quarenta noites, teve fome. Então, o tentador, aproximando-se, lhe disse: **Se és Filho de Deus**, manda que estas pedras se transformem em pães. (Mt 4:1-3)

Satanás tentou trazer dúvida à mente de Jesus com o questionamento a respeito da Sua identidade de Filho. Entenda que a rejeição tem como base primordial desacreditar aquilo que Deus já disse ser verdade. Jesus era

Filho e não precisava provar nada para ninguém. Ele era Filho porque sabia ser Filho, e porque havia escutado o Pai lhe chamar assim.

A rejeição só ganha terreno se acreditarmos nas mentiras que o inimigo vai lançar no meio da batalha para que fiquemos desmoralizados. A rejeição me faz crer que o Pai me abandonou no meio da caminhada, mas a verdade é que Ele sempre está comigo.

> Eis que a virgem conceberá e dará à luz um filho, e ele será chamado pelo nome de Emanuel (que quer dizer: **Deus conosco**). (Mt 1:23)

Desmascare em sua mente a mentira que busca anular sua fé e dizer que Deus o esqueceu no meio da guerra. Na realidade, Ele é o fundamento de nossa vida, é a base de nossa existência. A Bíblia chama isso de "leite racional":

> Desejai como meninos recém-nascidos, o puro leite racional, a fim de por ele crescerdes para a salvação. (1Pd 2:2 – ARC)

Leite "racional" significa leite "espiritual". O leite para o recém-nascido é a sua base de alimentação para sobreviver. Sem esse leite, ficaria desnutrido, comprometendo seu desenvolvimento.

Claramente, então, a Palavra está nos mostrando que existe uma base, um leite, cuja alimentação é essencial para o nosso desenvolvimento. Ou seja, existem disciplinas básicas em nossa fé, que jamais devem ser abandonadas, pois são a nossa base alimentar para nos desenvolvermos. Quais são elas?

Oração

É impossível crescer espiritualmente sem ter uma vida ativa de oração. A oração, nossa forma de nos comunicarmos com Deus, deve ser a base de nossa caminhada diária.

Devemos ter o hábito de orar constantemente. Quem desenvolve uma vida de oração, torna-se um alvo muito mais difícil aos ataques do inimigo.

Leitura

Se a fé vem pelo ouvir, e ouvir a Palavra de Deus (Rm 10:17), devemos "ouvir" a Sua Palavra ao desenvolvermos uma rotina constante de leitura da Bíblia.

Pare para analisar o tempo que você investe na leitura da Bíblia. Proponha um desafio a você mesmo, chegou o tempo de estudar, ler e entender melhor a Palavra de Deus. De uma coisa eu tenho certeza: quando o próprio Deus reconhecer sua entrega e dedicação ao estudo de Sua Palavra, Ele se revelará de formas que jamais poderiam ser imaginadas.

Deseje esse "leite racional", como um bebê recém-nascido que chora por alimento.

Que venha um tempo de maior entrega, devoção e meditação na Palavra de Deus. Quando nos afastamos disso, somos presa fácil para o inimigo. Com extrema facilidade podemos ser enganados, porque a Palavra de Deus é toda a expressão da verdade de que precisamos.

> Despojando-vos, portanto, de toda maldade e dolo, de hipocrisias e invejas e de toda sorte de

maledicências, **desejai ardentemente, como crianças recém-nascidas, o genuíno leite espiritual, para que, por ele, vos seja dado crescimento para salvação**, se é que já tendes a experiência de que o Senhor é bondoso. Chegando-vos para ele, a pedra que vive, rejeitada, sim, pelos homens, mas para com Deus eleita e preciosa, também vós mesmos, como pedras que vivem, sois edificados casa espiritual para serdes sacerdócio santo, a fim de oferecerdes sacrifícios espirituais agradáveis a Deus por intermédio de Jesus Cristo. Pois isso está na Escritura: Eis que ponho em Sião uma pedra angular, eleita e preciosa; e quem nela crer não será, de modo algum, envergonhado. Para vós outros, portanto, os que credes, é a preciosidade; mas, para os descrentes, a pedra que os construtores rejeitaram, essa veio a ser a principal pedra, angular e: pedra de tropeço e rocha de ofensa. São estes os que tropeçam na palavra, sendo desobedientes, para o que também foram postos. Vós, porém, sois raça eleita, sacerdócio real, nação santa, povo de propriedade exclusiva de Deus, a fim de proclamardes as virtudes daquele que vos chamou das trevas para a sua maravilhosa luz; vós, sim, que, antes, não éreis povo, mas, agora, sois povo de Deus, que não tínheis alcançado misericórdia, mas, agora, alcançastes misericórdia. (1Pd 2:1-10)

Todos foram aceitos por Deus. O Pai se importa, tem o controle sobre tudo e vai cuidar da trajetória de cada um: se Deus já prometeu, Ele vai cumprir sobre a sua história. O Senhor não abandona ninguém no meio da estrada.

A rejeição nos acusa pelas falhas que já cometemos. Aponta o dedo pelas marcas que temos em nossa história. Eu não tenho dúvidas de que todos já tenham cometido alguns erros ao longo da vida, os quais feriram pessoas, feriram a si próprios e até mesmo Deus.

É importante ressaltar que o Pai não abençoa ou amaldiçoa baseado nas falhas que cometemos. A rejeição nos faz crer em um Deus malvado, que constantemente pesa a mão, como se o presente fosse uma penitência por todas as coisas erradas já cometidas na vida. Leia:

> Os escribas e fariseus trouxeram à sua presença uma mulher surpreendida em adultério e, fazendo-a ficar de pé no meio de todos, disseram a Jesus: Mestre, esta mulher foi apanhada em flagrante adultério. E na lei nos mandou Moisés que tais mulheres sejam apedrejadas; tu, pois, que dizes? Isto diziam eles tentando-o, para terem de que o acusar. Mas Jesus, inclinando-se, escrevia na terra com o dedo. Como insistissem na pergunta, Jesus se levantou e lhes disse: Aquele que dentre vós estiver sem pecado seja o primeiro que lhe atire pedra. (Jo 8:3-7)

Na sociedade em que Jesus Cristo vivia, não havia pecado moralmente "mais grave" do que o adultério. E o fato de ser mulher e de ser pega em flagrante tirava dela qualquer esperança de salvação. A Lei abertamente a condenava à morte por apedrejamento público. Então ali, naquela situação vexatória, diante de uma multidão que testemunhava seu pecado, a mulher certamente pensou que seria o seu fim.

Aquela mulher não apenas seria rejeitada pela Lei, mas a Lei a conduziria à pena de morte. Naquele dia, porém, ela teve um encontro com o Autor da Vida, Jesus Cristo, que em vez de acusar, perdoou e ofereceu uma chance de recomeço.

O Pai conhece todas as histórias, erros e tropeços que você já viveu. Ele conhece os momentos de sua história em que você esteve mais distante Dele, até mesmo difamando e escarnecendo de Seu nome, e mesmo assim o que Ele faz é oferecer um caminho para o perdão.

> Filhinhos meus, estas coisas vos escrevo para que não pequeis. Se, todavia, alguém pecar, temos Advogado junto ao Pai, Jesus Cristo, o Justo; e ele é a propiciação pelos nossos pecados e não somente pelos nossos próprios, mas ainda pelos do mundo inteiro. (1Jo 2:1,2)

O nosso Pai se importa em nos defender: Ele nos deu Jesus, um advogado tão bom que apresentou a defesa e pagou a dívida de toda a humanidade, de todos os que já haviam sido julgados, culpados e condenados.

Há apenas lugar para novas perspectivas no meio da luta: no Alto. Pois, não importando qual tenha sido a sentença, Deus sempre é capaz de criar coisas novas, oferecendo-nos Seu perdão, e a capacidade do Filho de nos defender. E essa capacidade de renovo só podemos encontrar em Deus. Não importa o que você vinha vivendo até então, Ele pode lhe dar forças para recomeçar, para reconstruir, para enxergar o horizonte novamente.

É preciso ter sempre em mente que nosso Pai se importa em nos abençoar. Segundo Mateus 19:14, certa vez, rodeado por uma multidão, Jesus disse que os pequeninos deveriam vir até Ele. Com isso, quis dizer que, quando nos relacionamos com Ele com a inocência de uma criança que depende do pai, estamos preparados para sermos abençoados. Quando nos aproximamos

Dele em total dependência, como crianças, demonstramos nossa confiança em Seu poder.

> Por aquele tempo, exclamou Jesus: Graças te dou, ó Pai, Senhor do céu e da terra, porque ocultaste estas coisas aos sábios e instruídos e as revelaste aos pequeninos. (Mt 11:25)

A palavra "pequeninos", no versículo anterior, vem do original grego *népios*, que literalmente significa "bebês, sem habilidades"; ou seja, Deus está disposto a Se derramar e habilitar aqueles que se aproximam Dele com inocência, sem a pretensão de saberem todas as respostas, mas que dependem do Pai. Isso significa dizer que os propósitos de Deus em nossa vida não dependem de nossa habilidade natural, da força humana, daquilo que podemos produzir. Na realidade, quando dependemos Dele, é por meio de Sua graça, de Seu poder que nos é concedido, que nos desenvolvemos. Veja como o texto bíblico continua nesse mesmo capítulo:

> Vinde a mim, todos os que estais cansados e sobrecarregados, e eu vos aliviarei. Tomai sobre vós o meu jugo e aprendei de mim, porque sou manso e humilde de coração; e achareis descanso para a vossa alma. Porque o meu jugo é suave, e o meu fardo é leve. (Mt 11:28-30)

Deus conhece nossa condição de "pequeninos", por isso quer nos abençoar. Ele sabe exatamente o que nos falta e jamais nos abandonará ou rejeitará. A escolha do Pai é a de abençoar os Seus filhos.

A oração que faço é de louvor a Deus, porque a sabedoria de que eu preciso não está em mim, o recurso de que preciso não vem de mim. Aquilo que eu tenho para fazer em minha vida não está no controle das minhas mãos, porque eu sou alguém, talvez, sem habilidades totais, mas o Seu Espírito Santo me escolheu, o Seu Espírito Santo me capacitou.

> Porque tive fome, e me destes de comer; tive sede, e me destes de beber; era forasteiro, e me hospedastes; estava nu, e me vestistes; enfermo, e me visitastes; preso, e fostes ver-me. (Mt 25:35,36)

Perceba que Jesus identificou as necessidades que existem no meio da batalha. Ele sabe exatamente do que cada um necessita e cada petição feita. Esse é um paralelo das condições espirituais que são supridas para acabar com a rejeição, ou seja, isso é o que Ele fez por mim e por você:

Fome – Ele proveu o alimento;

Sede – Ele proveu saciedade;

Estrangeiro – Ele ofereceu aceitação;

Nu (sem identidade) – Ele ofereceu novas vestes;

Enfermo – Ele ofereceu cura;

Preso – Ele veio para trazer liberdade.

Quando as pessoas questionaram Jesus sobre como Ele havia sido suprido, o Filho de Deus associou o cuidado que é necessário ter com os "pequeninos":

> Então, perguntarão os justos: Senhor, quando foi que te vimos com fome e te demos de comer? Ou com

> sede e te demos de beber? E quando te vimos forasteiro e te hospedamos? Ou nu e te vestimos? E quando te vimos enfermo ou preso e te fomos visitar? O Rei, respondendo, lhes dirá: Em verdade vos afirmo que, sempre que o fizestes a um destes meus pequeninos irmãos, a mim o fizestes. (Mt 25:37-40)

A palavra "pequeninos", nesse versículo, é *eláchistos*, que significa "menor em importância". Note, então, o que Deus faz para dissipar com a rejeição: Ele olha justamente para aquele que aparenta ser o menor em importância, o último da fila, o que parece que nunca será lembrado e, apesar de todas as ocasiões da vida que alimentam a rejeição, aceita-o, aprova, alimenta e preenche.

Como é maravilhoso chegar à conclusão de que você não depende de ninguém, nem de você mesmo, para ser aceito por Deus.

Mesmo em nossa pequenez, Ele nos olhou, cuidou, e amou incondicionalmente. Hoje, a rejeição encontra um fim na presença de um Pai que ama e que abençoa. Assim como uma criança se relaciona com seu pai, Deus quer esse relacionamento com Seus filhos.

> Traziam-lhe também as crianças, para que as tocasse; e os discípulos, vendo, os repreendiam. Jesus, porém, chamando-as para junto de si, ordenou: Deixai vir a mim os pequeninos e não os embaraceis, porque dos tais é o reino de Deus. Em verdade vos digo: Quem não receber o reino de Deus como uma criança de maneira alguma entrará nele. (Lc 18:15-17)

Eu tenho dois filhos maravilhosos: Isabella, de 10 anos, e o Matheus, de 2. Como pai, quando eu faço a eles uma promessa, eles simplesmente acreditam. Por exemplo, se um dia eu disser "Filhos, nós vamos passar férias nos parques de diversão de Orlando, nos Estados Unidos", sem dúvidas, no minuto seguinte a essa afirmação, toda a casa, e também a vizinhança, escutaria os gritos de alegria, euforia e empolgação em vista dessas férias tão sonhadas.

Interessante notar que, como crianças, meus filhos não sabem que para viajarmos temos de ter passaporte, visto americano, que as passagens custam caro, que temos que pagar hospedagem, que os ingressos dos parques são caríssimos, entre tantos outros detalhes. Sua alegria, euforia e empolgação os fariam imediatamente começar a arrumar as malas, pesquisar passeios na internet, avisar os amigos e familiares de que as tão sonhadas férias haviam chegado. Tudo isso baseado em apenas uma frase de afirmação de seu pai. Isso porque são simplesmente crianças, e enxergam o mundo com a simplicidade de um pequenino.

Essa é a maneira de aniquilar a rejeição que insiste em perseguir a todos no meio da guerra: quem recebe o Reino como uma criança, recebe sem ver condições, recebe acreditando que Deus vai fazer. Quando Deus lhe prometer algo, simplesmente creia. Ele o escolheu.

> Porque a loucura de Deus é mais sábia do que os homens; e a fraqueza de Deus é mais forte do que os homens. Irmãos, reparai, pois, na vossa vocação; visto que não foram chamados muitos sábios segundo a carne, nem muitos poderosos, nem muitos de nobre nascimento; pelo contrário, Deus escolheu as coisas loucas do mundo para envergonhar os sábios e escolheu as coisas fracas do mundo para envergonhar as fortes; e Deus escolheu as coisas humildes

do mundo, e as desprezadas, e aquelas que não são, para reduzir a nada as que são. (1Co 1:25-28)

Peço que o leitor lembre-se do texto-chave que me motivou a escrever este livro. Na história de Josué, enquanto eles batalhavam, cinco reis foram se esconder na caverna.

Há momentos em que não adianta lutar somente contra os soldados simples na linha de frente da batalha. Dentro da caverna estão os reis que arquitetam, planejam, orquestram sua derrota.

Um exército só é verdadeiramente derrotado quando o rei se curva, por isso esses reis que insistem em assolar nossa vida precisam ser derrotados.

> Depois, disse Josué: Abri a boca da cova e dali trazei-me aqueles cinco reis. Fizeram, pois, assim e da cova lhe trouxeram os cinco reis: o rei de Jerusalém, o de Hebrom, o de Jarmute, o de Laquis e o de Eglom. Trazidos os reis a Josué, chamou este todos os homens de Israel e disse aos capitães do exército que tinham ido com ele: Chegai, ponde o pé sobre o pescoço destes reis. E chegaram e puseram os pés sobre os pescoços deles. Então, Josué lhes disse: Não temais, nem vos atemorizeis; sede fortes e corajosos, porque assim fará o Senhor a todos os vossos inimigos, contra os quais pelejardes. Depois disto, Josué, ferindo-os, os matou e os pendurou em cinco madeiros; e ficaram eles pendentes dos madeiros até à tarde. (Js 10:22-26)

Quando esse rei é derrotado, a caminhada passa a ser em novidade de vida: **a rejeição não tem mais influência**.

Chegou a hora de derrotarmos esse rei. Nunca mais a influência da rejeição comandará nossa caminhada com

Deus, e em nossas vidas cotidianas. Deus nos deu autoridade para clamar em Seu nome, e é isso que vamos fazer no final de cada capítulo deste livro. Que, nesse momento de clamor, a glória Dele invada o local onde você está lendo estas páginas. Ore assim comigo agora:

Senhor Jesus, é na autoridade do Seu nome, e no poder que há no Seu sangue, que eu entro em Sua presença agora. Eu profetizo um novo tempo sobre a minha vida, e lanço fora toda rejeição, toda culpa, toda vergonha, toda condenação.

Por muitas vezes, esse rei, chamado rejeição, quis controlar minha vida, e me paralisar em meio à batalha. Estou aqui para dizer que, a partir de hoje, nunca mais!

Eu declaro que, nessa guerra, a rejeição nunca mais me influenciará. Eu chamo esse rei para fora da cova, posiciono os meus pés sobre o seu pescoço, porque isso é sinal de domínio e conquista, e comando agora: fora toda rejeição que me impedia de caminhar para o melhor de Deus!

UM REI JÁ FOI EMBORA, FALTAM QUATRO.

SEGUNDO REI

MEDIOCRIDADE

E não vos conformeis com este século, mas transformai-vos pela renovação da vossa mente, para que experimenteis qual seja a boa, agradável e perfeita vontade de Deus. (Rm 12:2)

No versículo que introduz este capítulo, a palavra grega *suchematizo*, "conformeis", denota uma conformidade de mente e caráter. Isso quer dizer que podemos facilmente nos envolver com o padrão que o mundo nos impõe e acabarmos nos conformando com ele.

Durante a guerra, há um rei escondido na caverna que trama para que não haja avanço; ele planeja a estagnação e prepara impedimentos. O que ele deseja é uma conformidade de mente e caráter que faça todos viverem de forma simples, sem perspectiva ou ambição. O nome desse rei é **MEDIOCRIDADE**.

Mediocridade é um substantivo feminino que nomeia o estado ou a qualidade do que é medíocre, "mediano, sofrível". É um adjetivo de dois gêneros que qualifica aquele ou aquilo que está na média entre dois termos de comparação, ou seja, o que não é bom nem ruim, que não é pequeno nem grande etc.

Quantas vezes as circunstâncias da vida nos forçam a viver na média? Não está ruim, mas também não está bom; tudo parece estar no automático. No entanto, essa não é a realidade divina para o homem. Existe uma porta pela qual podemos encontrar acesso à abundância. Não existe razão para vivermos presos e forçados a nos contentar somente com a média.

Tudo o que Jesus Cristo fez ao se tornar carne, e habitar entre nós, foi nos oferecer essa porta de acesso que acaba com a limitação que até então nos era imposta pelo inimigo. Jesus é a porta e o caminho que precisamos para acabar com a mediocridade.

> Eu sou a porta. Se alguém entrar por mim, será salvo; entrará, e sairá, e achará pastagem. O ladrão vem somente para roubar, matar e destruir; eu vim para que tenham vida e a tenham em abundância. (Jo 10:9,10)

Perissós é a palavra grega para "abundância" nesse versículo, que significa "mais do que necessário, acima e além, supremo". Essa é a intenção de Deus: sair do mínimo aceitável e ir além.

Eu me lembro de meu tempo de escola. Sempre tive bastante facilidade com idiomas, então, naturalmente, nas provas de Inglês, já esperava uma nota bastante alta ou até mesmo a nota máxima. Quando a prova era de Química, contudo, o resultado era sofrível. Nessa matéria, eu me contentava e celebrava o mínimo necessário.

Esse é um erro em nosso cotidiano, pois quando Deus entra na história, Ele diz: "É exatamente na área fraca, é exatamente para tua deficiência, exatamente na tua dificuldade que Eu quero surpreender com abundância".

Abundância não é viver aquilo que você já espera. Na realidade, **abundância é ser surpreendido pelo próprio Deus**.

Contentar-se, e até se acostumar a viver na média, com o mínimo necessário, não é ruim nem bom, é apenas medíocre, e essa mediocridade pode nos habituar a não esperar mais em Deus.

Deus quer trazer o entendimento de que de forma medíocre não dá para crescer, não dá para sonhar e não dá para cultivar esperança. Então como subjugar a mediocridade?

A primeira ação é negar as ofertas do inimigo. A principal estratégia dele é acabar com a perspectiva de futuro e oferecer distrações para que a mediocridade se estabeleça. Estou falando das quedas frequentes, dos pecados contra os quais você luta o tempo todo – ora vence, ora perde – e dos pratos (tentações cotidianas que vêm sobre as nossas vidas para nos roubar da abundância que nos foi prometida) que são oferecidos para que seja perdido o panorama completo de conquistas que Deus pode dar.

Em todas as áreas de nossas vidas, "pratos", aparentes manjares, serão oferecidos. Por exemplo, você pode se cansar de esperar emocionalmente, e passar a desfrutar de pratos que nada farão a não ser preencher de maneira medíocre o espaço do que era o abundante banquete que Deus havia preparado. Profissionalmente, você pode ter a tendência de se acomodar, não buscar formação, capacitação e estudo, vivendo apenas a média de cada dia. Ministerialmente, você pode estagnar e passar a depender somente de talentos e dons que seriam básicos para a sobrevivência de seu ministério, deixando de viver a abundância que Deus lhe reservou.

Quem pensa apenas em um "prato" está preocupado em satisfazer a fome do momento. Perdeu a perspectiva do todo, por isso se contenta com qualquer porção que lhe ofereçam. Mediocridade.

Cada um de nós sabe por que e onde tropeça. Todos sabemos qual é a área que o inimigo insiste em tocar para que a abundância que Deus tem para derramar seja interrompida. É preciso romper com os pecados que levam à mediocridade, e vencer.

Existem momentos em que temos de voltar nossa atenção para a raiz das circunstâncias. E o que isso significa? Significa entender como começou o desânimo, onde a acomodação ganhou espaço, quando deixamos de sonhar, ou de esperar algo melhor. Qual foi a raiz que permitiu que nos contentássemos em viver com o mínimo necessário, ou apenas na média para sobreviver? Vamos tomar uma atitude. Veja:

> Já está posto o machado à raiz das árvores; toda árvore, pois, que não produz bom fruto é cortada e lançada ao fogo. (Mt 3:10)

Não se contentar com a média, essa é uma das chaves para vencer a mediocridade. Certamente, existem áreas da vida em que a pressão da mediocridade diária e intensa dificulta o ir além. A mediocridade se manifesta em diferentes áreas, como na vida profissional, pessoal, financeira e ministerial.

Na **vida profissional**, existem momentos em que parecemos alcançar o limite de nossas forças. Não sabemos mais onde investir, onde recorrer ou qual será a atitude para abrir portas. Fazemos especializações e acumulamos informações, mas ficamos perdidos sobre que rumo tomar. Mediocridade.

É necessário entregar a carreira, a profissão, a empresa ao Senhor; apresentar nossos sonhos profissionais e deixar que Ele cuide do processo.

Há fases de nossa **vida pessoal** em que a mediocridade tenta atacar nossas emoções. Se você é solteiro, o ataque da mediocridade é para que não saiba aguardar o tempo de Deus, e contente-se com qualquer substituição que a vida oferecer para preencher a carência afetiva. Se é casado, o desafio é o de romper com um relacionamento mediano, em que as questões que precisam ser resolvidas são arrastadas, acreditando-se que o tempo vai se encarregar de resolver, mas as coisas só pioram. Se já está em um relacionamento com o sentimento de que não está ruim, mas também não está bom, Deus dará a autoridade para quebrar esse ciclo medíocre e viver a restauração e cura que Ele tem para o seu relacionamento. Deixe-O moldar todas as suas emoções, e apresente-se para que Ele conduza seus passos agora. Nosso Deus é capaz de restaurar qualquer circunstância que você esteja vivendo. Deixe que Ele traga abundância.

Quem se permite ser influenciado pela mediocridade em suas emoções nunca consegue viver de maneira plena, pois sempre parece faltar algo. O desejo de Deus é que todos esperem pelo tempo perfeito Dele para que as coisas aconteçam. Os planos Dele são perfeitos.

Há fases em que a mediocridade ataca fortemente nossas **finanças**. Sem dúvidas, sabemos o que é viver com o mínimo necessário, e muitas vezes menos que isso. A pressão financeira rouba a paz momentaneamente, porque é difícil continuar vivendo de maneira natural com as contas em atraso. Pior que isso, quando a mediocridade faz morada nas finanças, fica impossível sonhar ou almejar coisas maiores no futuro. A mediocridade financeira nos prende no presente, fazendo-nos gastar todas as forças para simplesmente sobreviver.

É interessante notar que não diz respeito somente à quantidade de recurso financeiro que você possui. A mediocridade se expressa quando você ganha muito, ou quando ganha pouco, pois se há essa mediocridade presente nas suas finanças, parece que não consegue reter, que não consegue poupar, não consegue manter. Algo o força a viver sempre com o mínimo necessário. Mesmo que o seu mínimo, para a maioria, seja muito, viver só com o mínimo, tendo isso como regra de vida, é mediocridade.

Por que seria importante viver em abundância? **Entenda: abundância é completamente diferente de ganância.**

A abundância financeira de Deus vem por diversos motivos: primeiro para que você continue honrando sua aliança com o Pai, para que seja um dizimista e um ofertante fiel a Deus e com um coração generoso para com o próximo. Vem para que você consiga sonhar com as suas aquisições e para que viva os seus sonhos pessoais do agora, e para que você poupe para o futuro.

Deus quer dar projetos novos, sonhos de vida, realizações e conquistas pessoais, mas a mediocridade tenta impedir que isso aconteça.

Hoje será o dia em que a mediocridade vai perder espaço em sua história. Anos de maldição financeira, falências, decisões erradas, investimentos incertos, tudo o que trouxe mediocridade será invadido pela abundância que existe em Deus. Novos horizontes virão sobre essas áreas e a glória do Senhor será maior que a mediocridade.

Quando a abundância de Deus se manifesta em nossa vida financeira, passamos a viver uma provisão de forma que não esperávamos. Quero ilustrar esse princípio com uma passagem muito marcante das Escrituras.

Elias estava vivendo um momento de definições em seu ministério, porque o cenário em Israel era de verdadeiro caos, não chovia, e isso estava afetando diretamente o sustento de toda a nação. Elias, aparentemente, estava "a salvo" dessa crise, porque tinha o privilégio de todos os dias beber de um ribeiro de águas, e ter suas refeições servidas por aves vindas do céu enviadas pelo próprio Deus. Que maravilha! Ser sustentado pela abundância de Deus no meio da crise.

De repente, porém, algo mudou: o ribeiro que o sustentava secou e agora ele era impulsionado por Deus para prosseguir. Até aí, tudo bem, o difícil era conseguir crer na promessa de sustento que Deus o havia dado.

> Dispõe-te, e vai a Sarepta, que pertence a Sidom, e demora-te ali, onde ordenei a uma mulher viúva que te dê comida. (1Rs 17:9)

Como Elias seria sustentado por uma viúva que mal poderia sustentar a si mesma? Quando Elias se deparou com a dificuldade enfrentada pela viúva, e seu filho, o profeta, mesmo não tendo nada material para oferecer, sabia que Deus não o abandonaria. Por isso, encheu-se de fé, para acabar com a mediocridade.

Eles não viveriam na escassez, ou com o mínimo necessário para sobreviver. Deus tinha abundância.

> Porque assim diz o Senhor, Deus de Israel: A farinha da tua panela não se acabará, e o azeite da tua botija não faltará, até ao dia em que o Senhor fizer chover sobre a terra. (1Rs 17:14)

Chega de mediocridade sobre as suas finanças, chega de escassez. É tempo de abundância.

De tempos em tempos, nossa **vida ministerial**, de busca a Deus e de intensidade, parece estagnar. A intenção do inimigo é que você viva uma vida morna na presença do Senhor, sem mergulhar profundamente em Suas promessas. A Bíblia alerta sobre isso:

> Conheço as tuas obras, que nem és frio nem quente. Quem dera fosses frio ou quente! Assim, porque és morno e nem és quente nem frio, estou a ponto de vomitar-te da minha boca. (Ap 3:15,16)

Mornidão espiritual é a expressão clara da mediocridade. É contentar-se com uma vida rasa, sem intimidade com o Senhor.

Como andam o seu relacionamento com Deus, a leitura da Palavra, a vida de oração, a intimidade com Deus? Será que, de alguma forma, a mediocridade pode ser a descrição da nossa vida espiritual? São perguntas que devem ser feitas constantemente.

> Tenho, porém, contra ti que abandonaste o teu primeiro amor. Lembra-te, pois, de onde caíste, arrepende-te e volta à prática das primeiras obras; e, se não, venho a ti e moverei do seu lugar o teu candeeiro, caso não te arrependas. (Ap 2:4,5)

É tempo de mudar essa realidade, de chamar o fogo de Deus novamente, de ser aquecido por sua chama mais uma vez. A mediocridade traz apatia, indiferença e inibe qualquer perspectiva ministerial, mas há um novo fogo de

Deus para envolvê-lo e fazê-lo queimar novamente para Ele, em Sua presença.

Deus sabe os ataques que o diabo lança sobre todos. Ele sabe o quão difícil é resistir, e até mesmo sobreviver a esses ataques. No entanto, o mais interessante é que, **ao constatar a fidelidade, Deus acaba com a mediocridade.**

> Disse-lhe o senhor: Muito bem, servo bom e fiel; foste fiel no pouco, sobre o muito te colocarei; entra no gozo do teu senhor. (Mt 25:23)

É tempo de colocar um fim no que é mediano, de ir contra o sistema deste mundo, que é o de muitas vezes se contentar com o mínimo para sobreviver, e ultrapassar as limitações que a vida nos impõe. **Jesus é a suficiência e a abundância**.

> Porquanto, nele, habita, corporalmente, toda a plenitude da Divindade. Também, nele, estais aperfeiçoados. Ele é o cabeça de todo principado e potestade. Nele, também fostes circuncidados, não por intermédio de mãos, mas no despojamento do corpo da carne, que é a circuncisão de Cristo, tendo sido sepultados, juntamente com ele, no batismo, no qual igualmente fostes ressuscitados mediante a fé no poder de Deus que o ressuscitou dentre os mortos. E a vós outros, que estáveis mortos pelas vossas transgressões e pela incircuncisão da vossa carne, vos deu vida juntamente com ele, perdoando todos os nossos delitos; tendo cancelado o escrito de dívida, que era contra nós e que constava de ordenanças, o qual nos era prejudicial, removeu-o inteiramente, encravando-o na cruz; e, despojando os

principados e as potestades, publicamente os expôs ao desprezo, triunfando deles na cruz. (Cl 2:9-15)

O nosso maior desafio é aprender a viver em abundância, e a transformação da mediocridade para a abundância começa pelo pensamento.

É essencial colocar um ponto final nos pensamentos medíocres que até então acompanhavam sua história. A abundância de Deus invadirá seus pensamentos, sua caminhada e sua vida. **O segredo é escolher caminhar no Espírito.**

Mas, como está escrito: nem olhos viram, nem ouvidos ouviram, nem jamais penetrou em coração humano o que Deus tem preparado para aqueles que o amam. Mas Deus no-lo revelou pelo Espírito; porque o Espírito a todas as coisas perscruta, até mesmo as profundezas de Deus. (1Co 2:9,10)

O segredo de viver em abundância reside em conduzir a vida no Espírito de Deus. Ele é quem revela os próximos passos, abre portas para novas conquistas, estabelece novos alvos e objetivos, e os cumpre integralmente. O rei chamado mediocridade perde sua força quando o Espírito nos guia.

Ora, o homem natural não aceita as coisas do Espírito de Deus, porque lhe são loucura; e não pode entendê-las, porque elas se discernem espiritualmente. Porém o homem espiritual julga todas as coisas, mas ele mesmo não é julgado por ninguém. Pois quem conheceu a mente do Senhor, que o possa instruir? Nós, porém, temos a mente de Cristo. (1Co 2:14-16)

O ciclo de pensamentos que Deus tem a respeito do homem vai além da esfera natural de compreensão.

> Porque os meus pensamentos não são os vossos pensamentos, nem os vossos caminhos, os meus caminhos, diz o Senhor, porque, assim como os céus são mais altos do que a terra, assim são os meus caminhos mais altos do que os vossos caminhos, e os meus pensamentos, mais altos do que os vossos pensamentos. (Is 55:8,9)

Romper com a mediocridade e viver a abundância que Deus preparou é experimentar o Seu poder sobrenaturalmente, sabendo que servimos a um Deus que não apenas tem, mas na realidade é todo o poder que precisamos. Ele não depende de circunstâncias naturais para realizar grandes coisas, Ele é capaz de criar condições favoráveis para realizar coisas extraordinárias.

Toda a provisão de que eu preciso, toda a revelação que eu preciso receber, toda direção que precisa me conduzir, e toda capacitação necessária para avançar já estão Nele: à minha e à sua disposição.

> Ora, àquele que é poderoso para fazer infinitamente mais do que tudo quanto pedimos ou pensamos, conforme o seu poder que opera em nós, a ele seja a glória, na igreja e em Cristo Jesus, por todas as gerações, para todo o sempre. Amém! (Ef 3:20,21)

É exatamente no momento da mediocridade que eu descubro a verdadeira abundância, que eu descubro que sirvo um Deus abundante.

Ter abundância quando tudo já está aparentemente "abundante" é fácil. O difícil é, em meio à mediocridade, quando eu preciso de um milagre que é impossível, quando eu preciso de uma resposta que parece não chegar, ter autoridade para falar: **posso todas as coisas em Cristo, que me fortalece** (Fp 4:13).

A abundância me faz romper com meu passado, com minha cultura, que até então insistia em me trazer limitações, que me dizia que as oportunidades que tive, e principalmente as que não tive, poderiam determinar o agir de Deus em minha vida.

Na Cruz, Jesus acabou com o padrão mundano de mediocridade, e estabeleceu um período de abundância. Ele mostrou a todos o que tinha para oferecer, no momento de Sua morte.

É interessante notar que a Bíblia relata que Jesus, na cruz, quando soube que as coisas estavam consumadas, simplesmente disse: "Tenho sede". Na sequência, dão a Jesus uma esponja cheia de vinagre para que Ele pudesse beber.

> Depois, vendo Jesus que tudo já estava consumado, para se cumprir a Escritura, disse: Tenho sede! Estava ali um vaso cheio de vinagre. Embeberam de vinagre uma esponja e, fixando-a num caniço de hissopo, lha chegaram à boca. Quando, pois, Jesus tomou o vinagre, disse: Está consumado! E, inclinando a cabeça, rendeu o espírito. (Jo 19:28-30)

Entenda que, nesse momento, Jesus realizou uma simbologia profética para acabar com a mediocridade. O primeiro milagre Dele havia sido transformar água em vinho numa festa de casamento em Caná, na Galileia, e agora, mais uma vez, havia vinho envolvido. Na verdade, vinagre também é considerado um vinho, porém, por sua acidez, é considerado um vinho de baixíssima qualidade.

Esse ato representa o seguinte: quando Jesus pediu algo, tudo o que o mundo tinha para oferecer era o pior vinho existente na face da Terra. Por outro lado, ao se entregar na cruz, Jesus ofereceu a todos nós o melhor vinho que existe, ou seja, Sua própria vida.

Na cruz, Jesus Cristo inaugurou uma fase de abundância sobre sua vida. Ninguém conseguiria produzir nada por si mesmo, mas Deus enviou Seu único Filho para que habitasse em meio à escassez e à mediocridade, e, com Sua glória e poder, pudesse decretar abundância plena.

Leia este trecho mais uma vez, imaginando as áreas em que a mediocridade pode imperar:

> Fizeram, pois, assim e da cova lhe trouxeram os cinco reis: o rei de Jerusalém, o de Hebrom, o de Jarmute, o de Laquis e o de Eglom. Trazidos os reis a Josué, chamou este todos os homens de Israel e disse aos capitães do exército que tinham ido com ele: Chegai, ponde o pé sobre o pescoço destes reis. E chegaram e puseram os pés sobre os pescoços deles. Então, Josué lhes disse: Não temais, nem vos atemorizeis; sede fortes e corajosos, porque assim fará o Senhor a todos os vossos inimigos, contra os quais pelejardes. (Js 10:23-25)

Esse rei chamado mediocridade achou que poderia ficar escondido dentro da caverna, atrapalhando a trajetória que Deus tem para a vida de Seus filhos. A mediocridade tenta estagnar e fazer a satisfação ser a mínima necessária, e sem perspectivas de futuro. No entanto, a cruz é o símbolo que nos diz: **"saia da mediocridade e entre na abundância que Deus preparou para sua vida"**.

Dê um basta agora nessa mediocridade que o faria se acomodar em viver apenas na média, e não viver aquilo que Deus teria de melhor para sua vida. Convido você a orar comigo mais uma vez:

Senhor Jesus, nesta hora eu me revisto de Tua armadura, de Tua autoridade e de Teu poder, para lutar contra essa fortaleza que tentou impedir minha história com Deus, de prosseguir. Em nome de Jesus Cristo, eu declaro que toda a escassez, toda falta, toda apatia, estão fora de minha vida.

Eu ordeno agora, que esse rei chamado mediocridade venha para fora. A mediocridade não arquiteta mais contra os planos de Deus para a minha vida. Não rouba mais os meus sonhos, os meus objetivos, os meus projetos em Deus. Eu chamo nesta hora a abundância de Deus sobre a minha vida. Eu vou viver a abundância que Deus preparou para minha vida! Meu pé está no pescoço da mediocridade, e hoje eu declaro sua derrota na minha vida, nas minhas emoções, no meu ministério e nas minhas finanças. Nunca mais, mediocridade, nunca mais eu viverei sob tua influência. Em nome do Senhor Jesus!

TERCEIRO REI

RAPINA

Deus não é homem, para que minta; nem filho de homem, para que se arrependa. Porventura, tendo ele prometido, não o fará? Ou, tendo falado, não o cumprirá? (Nm 23:19)

Muitas vezes nossa fé parece inabalável, simplesmente cremos que Deus pode fazer e aguardamos esperançosos as Suas promessas. Então, justamente nessas áreas, nosso adversário faz ataques constantes de desânimo e fraqueza.

O que quero dizer é que, no meio da luta, há um rei que planeja nos atacar com desânimo, que planeja trazer descrédito àquilo que Deus já prometeu. Esse é mais um rei que Deus vai trazer a estratégia para eliminar. O nome desse rei é **RAPINA**.

Rapina é um substantivo feminino, que significa: "ato de roubar arrebatando, de tomar, de pegar com violência". Se você já passou pela terrível experiência de ter sido roubado ou assaltado, a figura da rapina é exatamente essa, porque é aquilo que repentinamente vem e arranca com força o que era teu.

A sensação das vítimas desse rei é de total desconforto, revolta e indignação. Como alguém vem se apropriar daquilo que não trabalhou para conquistar, daquilo que foi conquistado pelo esforço de outro?

O inconformismo toma conta daquele que é atacado pela rapina; e posso afirmar que esse é um rei muito presente em nossas guerras. Rapina é o especialista em roubo, em tirar bruscamente a porção que nos era por direito.

Essa é exatamente a figura de nosso adversário na batalha. A Bíblia nos relata, na primeira epístola de Pedro, capítulo 5, versículo 8, que nosso inimigo fica como um leão, à espreita, rugindo, esperando o momento de atacar para roubar. Veja como o próprio Jesus definiu a rapina em Sua Palavra:

> O ladrão vem somente para roubar, matar e destruir; eu vim para que tenham vida e a tenham em abundância. (Jo 10:10)

Roubar, matar e destruir: essa é a função desse rei. No entanto, para o derrotarmos, vamos primeiramente entender sua forma de atuação:

> E, ao semear, uma parte caiu à beira do caminho, e vieram as aves e a comeram. (Mc 4:4)

Alguém com essas caraterísticas está sempre pronto para atacar com a intenção de roubar e destruir.

A figura, então, é que a rapina voa sobre os sonhos de vida, sobre os projetos e anseios, esperando o momento certo para roubá-los bruscamente. Quais são as estratégias da rapina?

Roubar o que você já conquistou

O primeiro ciclo de roubo da rapina tem como alvo aquilo que já foi conquistado. Quem já conquistou sabe o quanto custou para ter as conquistas alcançadas.

O inimigo não brinca, ele está atrás para roubar tudo o que um dia foi conquistado, para pôr tudo a perder. Ou seja: aquilo que já conquistamos financeira, espiritual e emocionalmente – a família, o casamento, a carreira, as finanças e o ministério – é um alvo da rapina.

Para proteger o que Deus já lhe abençoou, viva pela Palavra; porque se ela for o seu fundamento de vida, dificilmente a rapina terá êxito nos ataques bruscos contra sua história, porque a Palavra é como uma arma secreta. Quando a rapina chega próximo de mim, achando que vai roubar, dentro de mim há uma Palavra viva e eficaz.

> De que maneira poderá o jovem guardar puro o seu caminho? Observando-o segundo a tua palavra. De todo o coração te busquei; não me deixes fugir aos teus mandamentos. Guardo no coração as tuas palavras, para não pecar contra ti. (Sl 119:9-11)

Muito interessante entendermos esse princípio. O salmista está dizendo que escondeu a Palavra em seu coração, para que não pecasse. O que seria esconder a Palavra no coração? Esse é um segredo que todos devemos aprender. Quando, depois de muito estudar e meditar nela, passamos também a vivê-la e aplicá-la significa que escondemos a Palavra no coração. É como se nele tivéssemos um "reservatório" com Sua Palavra armazenada, e pudéssemos atravessar todas as adversidades da vida, tendo a resposta correta e o banco de dados adequado.

> Conheço as tuas obras — eis que tenho posto diante de ti uma porta aberta, a qual ninguém pode fechar — que tens pouca força, entretanto, guardaste a minha palavra e não negaste o meu nome. [...] Porque guardaste a palavra da minha perseverança, também eu te guardarei da hora da provação que

há de vir sobre o mundo inteiro, para experimentar os que habitam sobre a terra. (Ap 3:8;10)

Decida ter tamanha intimidade com a Palavra de Deus, para que ela fique escondida em seu coração. Dessa maneira, a rapina perderá poder, e não conseguirá roubar aquilo que você duramente conquistou.

Roubar a fé e a esperança

Quando esse rei não consegue roubar aquilo que você já conquistou, a próxima tentativa é roubar aquilo que você poderia ter. É como se ele se especializasse no tempo de espera, trazendo-lhe cansaço e desencorajamento porque essa espera seria aparentemente longa.

A consequência natural do cansaço e do desencorajamento é o sentimento de desistência, de jogar tudo para o alto. Essa é a especialidade da rapina. A intenção desse ataque é fazê-lo viver pelo presente, pelo natural, perdendo o panorama futuro. A rapina quer eliminar a fé e a esperança de que as promessas de Deus ainda possam acontecer. Mas lembre-se:

> De fato, sem fé é impossível agradar a Deus, porquanto é necessário que aquele que se aproxima de Deus creia que ele existe e que se torna galardoador dos que o buscam. (Hb 11:6)

Não perca o alvo e o objetivo de sua fé. Se Deus prometeu, apesar das ameaças e do enfraquecimento que a rapina representa em seus sonhos, Ele será capaz de cumprir.

> Assim será a palavra que sair da minha boca: não voltará para mim vazia, mas fará o que me apraz e prosperará naquilo para que a designei. (Is 55:11)

Nunca mais a rapina roubará aquilo que você ainda não conquistou. Continue investindo em fé, na perspectiva de que as promessas de Deus são reais. No período de tempo de espera que você enfrenta, enxergue os sinais de que Deus ainda está no controle de sua vida. Se Ele prometeu, será fiel para cumprir.

Roubar a sua capacidade de sonhar

Todos nós temos muitos sonhos em Deus, em áreas diversas, e a rapina detesta aqueles que sonham.

> E dizia um ao outro: Vem lá o tal sonhador! Vinde, pois, agora, matemo-lo e lancemo-lo numa destas cisternas; e diremos: Um animal selvagem o comeu; e vejamos em que lhe darão os sonhos. (Gn 37:19,20)

Sonhar é prospectar uma realidade maior e melhor do que a atual, é saber que coisas grandes acontecerão. Todos os que têm sonhos, por vezes, são diminuídos, ridicularizados, desprezados e humilhados, mas Deus os conhece muito bem.

O versículo que lemos anteriormente é um real exemplo disso: José nem sabia direito por que sonhava, mas o fato é que ele sonhava! E não apenas sonhos comuns ou pequenos, mas Deus tinha sonhos grandes para ele. Aparentemente, um dia ele estaria em posição de destaque, ou de comando.

Entretanto, foram exatamente os seus sonhos que o fizeram ser odiado pelos seus irmãos de sangue. Em vez de ter recebido apoio e encorajamento das pessoas que mais deveriam incentivá-lo, tudo o que ele recebeu foi a descrença, a ira, e até mesmo o escárnio dos que estavam mais próximos a Ele.

A rapina quer roubar a capacidade de sonhar, mas esse ciclo precisa ser quebrado. O controle é de Deus, e se Ele gerou um sonho no seu coração, a rapina não vai levar embora.

O tempo pode parecer estar passando, as circunstâncias podem parecer desfavoráveis, o horizonte parece não prometer muito, mas creia:

> Eu é que sei que pensamentos tenho a vosso respeito, diz o Senhor; pensamentos de paz e não de mal, para vos dar o fim que desejais. Então, me invocareis, passareis a orar a mim, e eu vos ouvirei. Buscar-me-eis e me achareis quando me buscardes de todo o vosso coração. (Jr 29:11-13)

A aliança de Deus

Uma das alianças mais significativas entre Deus e o homem está expressa no pacto que Deus estabeleceu com Abraão. Talvez você já conheça essa história em detalhes, já tenha escutado inúmeras pregações a respeito, mas existe uma diferença entre conhecer e viver essa aliança.

> Depois destes acontecimentos, veio a palavra do Senhor a Abrão, numa visão, e disse: Não temas, Abrão, eu sou o teu escudo, e teu galardão será sobremodo

> grande. Respondeu Abrão: Senhor Deus, que me haverás de dar, se continuo sem filhos e o herdeiro da minha casa é o damasceno Eliézer? (Gn 15:1,2)

O leitor percebeu a preocupação de Abraão? Ele tinha bens e rebanhos, mas não tinha herdeiros. Era como se ele dissesse: "Deus, nada contra, mas vai ficar tudo para o mordomo Eliezer?". Em outras palavras, o que atormentava seu coração era o fato de que aparentemente sua história não teria continuidade, ele não deixaria um legado.

> Disse mais Abrão: A mim não me concedeste descendência, e um servo nascido na minha casa será o meu herdeiro. (Gn 15:3)

Como ter qualquer esperança se o futuro parece tão inóspito? Veja o que Abraão ouviu de Deus:

> A isto respondeu logo o Senhor, dizendo: Não será esse o teu herdeiro; mas aquele que será gerado de ti será o teu herdeiro. (Gn 15:4)

Uma promessa quase impossível para um homem de idade avançada, e com uma esposa estéril. O que Deus prometeu era impossível: um filho biológico. Antes mesmo que Abraão pudesse duvidar, sabe o que Deus fez? Expandiu o ambiente:

> Então, conduziu-o até fora e disse: Olha para os céus e conta as estrelas, se é que o podes. E lhe disse: Será assim a tua posteridade. Ele creu no Senhor, e isso lhe foi imputado para justiça. (Gn 15:5,6)

Deus pediu para Abraão contar as estrelas. Em qualquer lugar do mundo existem estrelas, e não pagamos nada para observá-las. Aonde formos, existe um céu sobre nossa cabeça que lembra as promessas de Deus sobre nossa vida.

Deus estava dizendo: "Abraão, a minha promessa é maior do que você pensa, é mais sobrenatural do que você pode conceber, apenas receba!".

O mais interessante ainda estava por acontecer, porque a única coisa que Deus nos pede mediante uma promessa é que possamos apresentar um *sacrifício*.

Sacrificar significa reconhecer com quem se faz aliança. Naquela época, o costume de sacrifício era partir animais ao meio e depois selar o sacrifício com fogo, e foi exatamente assim que Abraão preparou o sacrifício.

> Perguntou-lhe Abrão: Senhor Deus, como saberei que hei de possuí-la? Respondeu-lhe: Toma-me uma novilha, uma cabra e um cordeiro, cada qual de três anos, uma rola e um pombinho. Ele, tomando todos estes animais, partiu-os pelo meio e lhes pôs em ordem as metades, umas defronte das outras; e não partiu as aves. (Gn 15:8-10)

Pense na cena, então: Abraão recebe uma promessa impossível de Deus, mas mesmo assim acredita. Para selar a promessa, ele oferece um sacrifício a Deus como demonstração de sua confiança. Agora, leia este versículo:

> Aves de rapina desciam sobre os cadáveres, porém Abrão as enxotava. (Gn 15:11)

Exatamente no momento de selar o sacrifício, as rapinas entraram em ação para roubar aquilo que havia sido prometido. Acontece exatamente assim em nossa vida. Quando Deus promete algo, o inimigo se levanta bruscamente como uma ave de rapina para roubar o sacrifício, a fé e a adoração.

No entanto, devemos aprender com Abraão, que, mesmo em idade avançada, recebeu vigor de Deus e passou o dia enxotando as aves. Quando achamos que as forças acabaram, a aliança de Deus se manifesta.

> Ao pôr do sol, caiu profundo sono sobre Abrão, e grande pavor e cerradas trevas o acometeram. (Gn 15:12)

Note que em algum momento, no meio da promessa, o rei rapina consegue trazer cansaço e medo, insegurança e temor; quando esse momento chega, porém, Deus sempre vai assumir o papel de controle e comando.

Falando mais profundamente sobre a cultura de sacrifício daquela época, o costume era que depois de partidos os animais ao meio, o elo *menor* do sacrifício passasse *primeiro por entre as partes*. Em outras palavras, era como se a parte menor dissesse: "Que aconteça comigo o que aconteceu com esses animais, se eu não cumprir minha parte nessa aliança".

Esse era o costume da época, então o lógico e natural seria que Abraão, depois de haver partido os animais, e os protegido contra as aves, passasse primeiramente entre as partes, porque, afinal de contas, ele era o menor elo do pacto. Todavia, surpreendentemente, veja o que acontece:

> E sucedeu que, posto o sol, houve densas trevas; e eis um fogareiro fumegante e uma tocha de fogo que passou entre aqueles pedaços. (Gn 15:17)

No momento de selar a promessa, Deus escolhe Se diminuir para que a promessa aconteça. Essa é a evidente figura do que Jesus Cristo fez por nós na cruz do Calvário: Ele se diminuiu para que a vida pudesse existir.

Não importa o que a rapina tenha arquitetado contra os planos de Deus, ela não é capaz de roubar o que Ele prometeu. As promessas Dele estão asseguradas pela aliança.

> Essa é a razão por que provém da fé, para que seja segundo a graça, a fim de que seja firme a promessa para toda a descendência, não somente ao que está no regime da lei, mas também ao que é da fé que teve Abraão (porque Abraão é pai de todos nós, como está escrito: Por pai de muitas nações te constituí perante aquele no qual creu, o Deus que vivifica os mortos e chama à existência as coisas que não existem. Abraão, esperando contra a esperança, creu, para vir a ser pai de muitas nações, segundo lhe fora dito: Assim será a tua descendência. E, sem enfraquecer na fé, embora levasse em conta o seu próprio corpo amortecido, sendo já de cem anos, e a idade avançada de Sara, não duvidou, por incredulidade, da promessa de Deus; mas, pela fé, se fortaleceu, dando glória a Deus, estando plenamente convicto de que ele era poderoso para cumprir o que prometera. Pelo que isso lhe foi também imputado para justiça. (Rm 4:16-22)

Um dos detalhes mais importantes desse trecho é a parte em que Abraão, "em esperança, creu contra a esperança". Existe, portanto, a menção clara de duas esperanças nesse texto. Isso quer dizer que há uma esperança que é natural, que analisa as circunstâncias e condições para que se possa ter expectativa.

Quando Abraão decidiu viver pela fé, ele creu contra essa esperança, ou seja, escolheu não depender do natural, mas do sobrenatural para que as promessas de Deus acontecessem em sua vida.

Com essa mesma autoridade dada por Deus, você pode subjugar e derrotar o rei rapina definitivamente. Vamos relembrar o texto base desse livro:

> Depois, disse Josué: Abri a boca da cova e dali trazei-me aqueles cinco reis. Fizeram, pois, assim e da cova lhe trouxeram os cinco reis: o rei de Jerusalém, o de Hebrom, o de Jarmute, o de Laquis e o de Eglom. Trazidos os reis a Josué, chamou este todos os homens de Israel e disse aos capitães do exército que tinham ido com ele: Chegai, ponde o pé sobre o pescoço destes reis. E chegaram e puseram os pés sobre os pescoços deles. Então, Josué lhes disse: Não temais, nem vos atemorizeis; sede fortes e corajosos, porque assim fará o Senhor a todos os vossos inimigos, contra os quais pelejardes. (Js 10:22-25)

Ore agora:

Senhor, é na autoridade e no nome de Teu Filho, Jesus Cristo, que entro em Tua presença agora. Por muito tempo Satanás pensou que poderia roubar os planos e projetos que Deus tem para mim. Hoje eu me revisto de Tua armadura para declarar que esse rei chamado rapina não tem mais direito de mexer em minha história. Toda tentativa de roubo daquilo que eu já conquistei caiu por terra, em nome de Jesus! A rapina não toca na minha casa, na minha família, nos meus bens, no meu ministério, naquilo que Deus já me deu! Eu repreendo toda a rapina que queira roubar aquilo que eu ainda nem conquistei, tirando minha fé e minha esperança em meu Deus!

Eu vou voltar a sonhar, eu vou voltar a crer nas promessas de Deus para mim! Nesta hora eu ordeno em minha vida, rapina: Fora! Fora! Fora! Você não tem domínio sobre minha história! Chega de roubo, chega de apropriação daquilo que é meu por direito! Agora, eu me abro para a aliança que Deus tem para comigo. Por mais impossível que possa parecer, eu escolho crer em Suas promessas; Deus, eu escolho crer em Teu sobrenatural, em Tua intervenção em meu favor.

Hoje minha história de vida é transformada, porque recebo de Deus vigor para lutar contra o rei rapina, que me perseguia! Eu vou viver o novo de Deus! Eu vou viver restituição daquilo que a rapina havia levado embora! Restituição será a palavra de ordem desse novo ciclo em minha vida! Eu ponho o pé no pescoço da rapina e decreto: Chega! Chega!

QUARTO REI

PARALISIA

No último dia, o grande dia da festa, levantou-se Jesus e exclamou: Se alguém tem sede, venha a mim e beba. Quem crer em mim, como diz a Escritura, do seu interior fluirão rios de água viva. Isto ele disse com respeito ao Espírito que haviam de receber os que nele cressem; pois o Espírito até aquele momento não fora dado, porque Jesus não havia sido ainda glorificado. (Jo 7:37-39)

O contexto que esse versículo retrata é muito interessante. Na cultura judaica, havia uma festa chamada de Festa dos Tabernáculos, em que os sacerdotes levavam água, que simbolizava a água fornecida pela pedra do relato de Êxodo 17, e a traziam para o tanque de Siloé, em um jarro de ouro. As pessoas que acompanhavam a cerimônia recitavam Isaías 12:3, clamando e cantando.

> Vós, com alegria, tirareis água das fontes da salvação. (Is 12:3)

Sem dúvida, no deserto, água é um dos itens mais importantes de se encontrar, porém ela não deveria se tornar objeto de culto, adoração nem veneração.

Jesus, ao se levantar no último dia da festa, dizendo ser a verdadeira água, confirmava Sua missão. É maravilhoso notar que, além disso, Jesus oferece àquele que recebe essa água um derramar sobrenatural: Ele afirma que, do interior de quem a recebesse, fluiriam rios de água viva. Isso dá ideia de movimento, de continuidade.

Um dos piores sentimentos que podemos ter é o de limitação. Ninguém gosta de se sentir limitado, atado, impedido ou podado; como quando nos lesionamos, ou temos uma limitação física: é terrível ser limitado.

Há fases em que tudo parece estar a um passo de acontecer, mas, ao mesmo tempo, a hora parece nunca chegar. É como se fosse um equipamento eletrônico de aparência normal, mas que não funciona ao ser ligado. Todos os componentes estão lá, mas algum defeito não o permite funcionar. Da mesma forma, existem momentos em que parece que todas as áreas da nossa vida estão emperradas ou limitadas.

Há um rei que fica escondido na caverna, achando que poderá nos influenciar para sempre, cujo nome é **PARALISIA**. Derrotá-lo é crucial para que haja continuidade nas conquistas que Deus planejou para sua vida. Nosso Deus é exatamente o oposto da paralisia, tudo Nele expressa movimento. Veja como o movimento está em Deus desde o início:

> No princípio criou Deus o céu e a terra. E a terra era sem forma e vazia; e havia trevas sobre a face do abismo; e o Espírito de Deus se movia sobre a face das águas. (Gn 1:1,2 – ARC)

A palavra no original em hebraico *rachaph* significa "pairar", que remete à ideia de movimento, de gerar algo novo. Nosso Deus é um Deus de movimento e de geração de vida. Isso significa que comportamentos como acomodação, letargia, lentidão, apatia e paralisia não fazem parte das características de nosso Deus.

Tudo o que Ele faz, desde a Criação, está associado a movimento, a dinamismo, a gerar, a trazer vida. Paralisia não é uma das características de Deus e, consequentemente, não tem relação com a nossa história e com os propósitos de Deus para conosco.

Então, como identificar as áreas da nossa vida que estão sendo vítimas dos planejamentos e da arquitetura desse rei? Afinal, como a paralisia se manifesta?

A primeira área a ser paralisada é a dos pés

Os pés denotam a minha caminhada, expressam a história de vida que eu tenho para escrever e qual o meu direcionamento. Veja o que Deus promete a Josué sobre os pés:

> Todo lugar que pisar a planta do vosso pé, vo-lo tenho dado, como eu prometi a Moisés. (Js 1:3)

Isso significa que Deus deu autoridade de conquista e tomada de território em meio à batalha. Logo, uma das tentativas do inimigo será a de paralisar nossos pés e confundir nossa caminhada no meio da guerra. O inimigo quer que você perca a direção, o sentido, ou seja, a caminhada como um todo.

Paralisia nos pés é quando se percebe que as coisas estão perdendo o rumo, e não se sabe o que fazer para colocá-las nos trilhos novamente. Você sabe o rumo que deveria tomar, ou que atitude deveria assumir, mas de alguma forma não consegue mais exercer poder de reação.

> Porque eu sei que em mim, isto é, na minha carne, não habita bem nenhum, pois o querer o bem está em mim; não, porém, o efetuá-lo. Porque não faço o bem que prefiro, mas o mal que não quero, esse faço. Mas, se eu faço o que não quero, já não sou eu quem o faz, e sim o pecado que habita em mim. (Rm 7:18-20)

Note que o apóstolo Paulo chega à infeliz conclusão de estar perdendo a guerra contra si mesmo. De alguma forma, ele perdeu o controle do agir sobre sua própria vida, e está se perdendo na caminhada. Paralisia!

Se eu perdi o controle sobre os meus próprios passos, tenho de identificar a raiz dessa paralisia. Qual foi o pecado que o paralisou? Será que você foi paralisado pelo medo?

O medo é ausência de fé; enquanto que a angústia e a ansiedade são ausência de segurança em Deus; esses podem ser obstáculos em sua vida, que lhe trazem paralisia.

O que aconteceu para que você se afastasse tanto dos propósitos e sonhos que Deus tem para a sua história? Como foi que a paralisia chegou, se sentou, e agora se recusa ir embora?

Creia: Deus sempre se move em seu auxílio para cancelar o ciclo de paralisia que o ataca. Jesus sabia confrontar a paralisia de pés:

> Entrando Jesus num barco, passou para o outro lado e foi para a sua própria cidade. E eis que lhe trouxeram um paralítico deitado num leito. Vendo-lhes a fé, Jesus disse ao paralítico: Tem bom ânimo, filho; estão perdoados os teus pecados. (Mt 9:1,2)

Qual seria a relação?, todos pensaram. *Ou que ousadia seria essa para, diante da paralisia, perdoar pecados?*

Enquanto todos olhavam naturalmente, Jesus queria acabar com a raiz. Era óbvio que o paralítico precisava de cura física, entretanto Jesus queria, antes disso, oferecer salvação eterna. Ele não acaba com a paralisa apenas de forma momentânea, mas resolve o problema eternamente.

> Mas alguns escribas diziam consigo: Este blasfema. Jesus, porém, conhecendo-lhes os pensamentos, disse: Por que cogitais o mal no vosso coração? Pois qual é mais fácil? Dizer: Estão perdoados os teus pecados,

ou dizer: Levanta-te e anda? Ora, para que saibais que o Filho do Homem tem sobre a terra autoridade para perdoar pecados — disse, então, ao paralítico: Levanta-te, toma o teu leito e vai para tua casa. E, levantando-se, partiu para sua casa. (Mt 9:3-7)

Quando o rei paralisia é destituído, sua caminhada passa a ser diferente. Jesus mandou o paralítico carregar a cama, porque as mesmas pessoas que um dia o viram deitado nela iriam vê-lo carregando o que antes era motivo de dor, motivo de aflição.

Não se envergonhe da sua história, carregue sua "cama", porque ela é o seu testemunho.

Quando você sentir que a paralisia entrou, lembre-se desta passagem:

O meu socorro vem do Senhor, que fez o céu e a terra. Ele não permitirá que os teus pés vacilem; não dormitará aquele que te guarda. (Sl 121:2,3)

A Bíblia nos diz que os passos de um homem justo são ordenados pelo Senhor (Sl 37:23,24). Isso quer dizer que Deus prepara o chão para eu pisar. Enquanto eu vou caminhando, Ele não deixa que o meu pé vacile, porque Ele é o meu refúgio, é a minha segurança, é o meu guarda, e o meu guarda não dorme. A paralisia não tomará mais conta dos meus pés.

A segunda área a ser paralisada é a das mãos

Mãos dizem respeito à força para trabalhar, ao poder de criação e realização. Por vezes, até mesmo a força para prosseguir se perde. Pouco a pouco o desânimo toma o lugar da motivação e a disposição vai embora.

A tentativa da paralisia é desafiar sua capacidade de crer que as coisas possam acontecer, ou de que Deus ainda se lembre de sua causa. Se a paralisia consegue impor o desânimo e o sentimento de derrota, as forças para continuar a lutar praticamente se esvaem da noite para o dia. Veja o padrão de ataque do rei paralisia:

> Porque todos eles procuravam atemorizar-nos, dizendo: As suas mãos largarão a obra, e não se efetuará. Agora, pois, ó Deus, fortalece as minhas mãos. (Ne 6:9)

O contexto histórico do livro de Neemias é o de reconstrução de muros que haviam sido derrubados. Perceba que ao entender que a estratégia era trazer medo, que conduziria à paralisia nas mãos, o pedido de Neemias era para que as mãos fossem fortalecidas. Com mãos fortalecidas, a obra continua, os propósitos são cumpridos, a esperança é renovada. Agora, veja um ataque típico na tentativa de trazer paralisia às mãos:

> Disse ainda Aitofel a Absalão: Deixa-me escolher doze mil homens, e me disporei, e perseguirei Davi esta noite. Assaltá-lo-ei, enquanto está cansado e frouxo de mãos; espantá-lo-ei; fugirá todo o povo que está com ele; então, matarei apenas o rei. (2Sm 17:1,2)

Percebeu como a paralisia de mãos espera o tempo certo para que entreguemos os pontos e passemos a fugir quando o cansaço nos abate?

Deus quer acabar com aquilo que rouba a força da vida, a vontade de caminhar, a esperança de futuro. Ele quer derrotar a paralisia das mãos de uma vez por todas.

> De novo, entrou Jesus na sinagoga e estava ali um homem que tinha ressequida uma das mãos. E estavam observando a Jesus para ver se o curaria em dia de sábado, a fim de o acusarem. (Mc 3:1,2)

Jesus acaba de se deparar com a paralisia, porém, por ser um sábado, o dia parece não ser o mais apropriado, e o local, a sinagoga, parece não querer permitir que Jesus aja. O que faria, então, Jesus, realizaria um milagre ou ficaria preso à paralisia que a tradição representava?

O Deus que acaba com a paralisia age além da expectativa e gera um milagre na hora improvável e em um local inesperado. Para acabar com a paralisia, Jesus gera um testemunho ao chamar o homem com a mão mirrada para o meio:

> E disse Jesus ao homem da mão ressequida: Vem para o meio! Então, lhes perguntou: É lícito nos sábados fazer o bem ou fazer o mal? Salvar a vida ou tirá-la? Mas eles ficaram em silêncio. (Mc 3:3,4)

De repente aquele homem era o centro das atenções, e Jesus apenas preparava o cenário para o milagre acontecer. É interessante observar que não há qualquer registro de que o homem tenha pedido a Jesus por cura. Ele simplesmente estava ali. O milagre de cura para sua mão ia muito além de sua fé, ou do seu poder de raciocinar. Na mente daquele homem, ele ficaria com a mão mirrada para sempre, mas não sabia que quem visitava a sinagoga naquele sábado não era um homem comum, porém o Único capaz de acabar com a paralisia.

No meio da roda, no centro das atenções, o homem somente obedeceu ao comando Daquele que assumiu o controle da situação:

> Olhando-os ao redor, indignado e condoído com a dureza do seu coração, disse ao homem: Estende a mão. Estendeu-a, e a mão lhe foi restaurada. (Mc 3:5)

Em vez de paralisadas, as mãos curadas serão preparadas para a guerra. Pense na mudança de direção. Mãos, que estariam caminhando para a paralisia, encontraram uma função muito melhor: estavam preparadas para a guerra!

Tudo aquilo que o inimigo planejou para paralisar reverteu-se contra ele mesmo.

Nosso Deus tem a capacidade de acabar com a atrofia, com a paralisia, com aquilo que limita o Seu agir.

> Bendito seja o Senhor, rocha minha, que me adestra as mãos para a batalha e os dedos, para a guerra; minha misericórdia e fortaleza minha, meu alto refúgio e meu libertador, meu escudo, aquele em quem confio e quem me submete o meu povo. (Sl 144:1,2)

Receba, então, força para usar as suas mãos para a guerra. Deus lhe dará as armas, a habilidade e a destreza necessárias para avançar guerreando.

Onde a paralisia achou que encontraria mais uma vítima, agora se levantará um soldado pronto para a guerra.

A terceira área a ser paralisada é a da audição

Todos passam por uma fase em que parecem não ouvir a voz de Deus. De repente, parece que o Pai ficou distante demais; você ora, busca, intercede, insiste, e nada acontece. A audição parece estar interrompida para escutar direcionamentos e orientações sobre que rumo tomar.

Quando isso acontece, passamos a correr desesperadamente para qualquer lugar que nos diga que iremos ouvir a voz de Deus. Começamos a procurar quem O escute por nós, sendo que Ele já disse que temos livre acesso à Sua presença.

Nada pode nos separar Dele, a Bíblia nos assegura a ousadia para termos esse acesso.

> Tendo, pois, irmãos, intrepidez para entrar no Santo dos Santos, pelo sangue de Jesus, pelo novo e vivo caminho que ele nos consagrou pelo véu, isto é, pela sua carne, e tendo grande sacerdote sobre a casa de Deus, aproximemo-nos, com sincero coração, em plena certeza de fé, tendo o coração purificado purificado: aspergido de má consciência e lavado o corpo com água pura. Guardemos firme a confissão da esperança, sem vacilar, pois quem fez a promessa ẹ fiel. (Hb 10:19-23)

Quando sentimos paralisia em nossa audição, algumas perguntas precisam ser feitas.

1. Será que Deus já falou, mas é você que não quer escutar?

Muitas vezes insistimos em ouvir a voz de Deus, porque queremos que o Senhor fale o que desejamos ouvir, quando, na verdade, Deus já disse o contrário.

Temos a tendência de sermos centrados em nós mesmo, querendo que Deus se encaixe nos planos que já fizemos. Esse egoísmo nos faz ignorar quando o Pai responde, mas não exatamente aquilo que queríamos ouvir.

A vontade Dele é perfeita, e se a voz Dele já nos direcionou para outro lado, não devemos insistir mais em prosseguir por onde Ele não está.

2. Quem pode ouvir a voz de Deus?

> Então, me invocareis, passareis a orar a mim, e eu vos ouvirei. Buscar-me-eis e me achareis quando me buscardes de todo o vosso coração. (Jr 29:12,13)

Você conhece alguém que só fala e não escuta? Às vezes nós somos assim quando entramos na presença de Deus, e não damos oportunidade para Ele falar. Não sabemos contemplar Sua presença, pois isso não exige a nossa voz.

O que seria contemplar a Deus? Como se faz isso? Já mencionei isso na introdução deste livro, mas creio ser importante citar novamente.

Para contemplar, tenho de ter prazer de estar em Sua presença. Ou seja, eu não entro em Sua presença para explorar os benefícios ou cobrar respostas; antes, entro em Sua presença para simplesmente desfrutar daquilo que ela produz em mim. Então, ao contemplar a Deus, não me preocupo em pedir, falar, cobrar ou exigir. Eu apenas me preparo para ouvir. Se há tempo de qualidade investido na busca a Deus, Ele vai se revelar a você. O quanto você se dedica a buscar, e honrar a presença de Deus em sua vida, está diretamente ligado ao nível de revelação de Sua voz.

Note então que o único requisito exigido para que nos aproximemos Dele é que essa atitude seja de todo o coração.

3. O que pode causar distrações para que você não escute a voz de Deus?

> Buscai, pois, em primeiro lugar, o seu reino e a sua justiça, e todas estas coisas vos serão acrescentadas. (Mt 6:33)

Muitas coisas podem entrar no caminho justamente quando Deus iria falar conosco. Muitas vezes, perdemos tempo e nem sabemos como isso aconteceu. Por exemplo, o tempo gasto com mídias sociais. É impressionante como as horas parecem passar rápido quando não fazemos nada de produtivo.

Pare para pensar quantas horas de sua semana você passa entre idas e vindas no trânsito em seu carro, no ônibus ou metrô, por exemplo. Você poderia aproveitar melhor esse tempo, aparentemente improdutivo, para estudar, escutar músicas de adoração, ouvir pregações da Palavra etc.

É importantíssimo ter um *hobby*, ou uma atividade que você ame praticar, seja seu videogame, um esporte ou um local que você vá. Tudo isso é muito saudável, e você tem de buscar essas coisas. Todavia, o tempo gasto nessas atividades não pode ser desproporcionalmente maior ao tempo que gastamos, na verdade investimos, para ouvir a Deus. Isso porque, sem ouvirmos claramente a Sua voz, fica muito difícil, quase impossível, caminhar.

O rei paralisia quer bloquear nossos ouvidos para que fiquemos perdidos no meio da batalha, sem saber que rumo tomar.

> Então, lhe trouxeram um surdo e gago e lhe suplicaram que impusesse as mãos sobre ele. Jesus, tirando-o da multidão, à parte, pôs-lhe os dedos nos ouvidos e lhe tocou a língua com saliva; depois, erguendo os olhos ao céu, suspirou e disse: Efatá!, que quer dizer: Abre-te! Abriram-se-lhe os ouvidos, e logo se lhe soltou o empecilho da língua, e falava desembaraçadamente. (Mc 7:32-35)

A vontade de Deus é acabar com a paralisia da audição, para que todos possam ouvir a Sua voz e Suas direções.

A Bíblia nos diz que as misericórdias do Senhor se renovam a cada manhã. Isso quer dizer que a cada dia o Pai tem uma nova porção para derramar sobre nós. Quando digo "uma nova porção", refiro-me a novas direções, instruções específicas, que estão à nossa disposição.

Os seus ouvidos voltarão a escutar os propósitos que Deus tem para a sua vida.

A quarta área a ser paralisada é a da visão

Obviamente, seria impossível dirigir um veículo se os seus olhos estivessem fechados. Sem enxergar, você perde a perspectiva de horizonte e, naturalmente, tem que parar.

Eu me lembro quando fui fazer um exame de vista e tive minhas pupilas dilatadas. Que sensação terrível ter a visão embaçada e embaralhada, e perder a noção de proximidade e profundidade.

Conseguir enxergar no meio da batalha é fundamental para se obter vitória, e é por isso que a paralisia tenta impedir seus olhos de enxergar, para que você perca a perspectiva do que fazer, e enxergue as coisas de maneira diferente.

A paralisia dos olhos faz a pessoa se acomodar em sua zona de segurança e conforto, com medo de se arriscar em locais desconhecidos. Isso é um fator limitador para as coisas maiores que Deus tem preparado.

> Caminhando Jesus, viu um homem cego de nascença. E os seus discípulos perguntaram: Mestre, quem pecou, este ou seus pais, para que nascesse cego? Respondeu Jesus: Nem ele pecou, nem seus pais; mas foi para que se manifestem nele as obras de Deus. É necessário que façamos as obras daquele que me enviou, enquanto é dia; a noite vem, quando ninguém pode trabalhar. Enquanto estou no mundo, sou a luz do mundo. Dito isso, cuspiu na terra e, tendo feito lodo com a saliva, aplicou-o aos olhos do cego, dizendo-lhe: Vai, lava-te no tanque de Siloé (que quer dizer Enviado). Ele foi, lavou-se e voltou vendo. (Jo 9:1-7)

Perceba que, ao verem um homem cego, os discípulos, naquilo que é a tendência natural do homem, querem identificar um culpado por aquela situação difícil. Não há registro de que o cego tenha falado algo inicialmente: ele não pediu para ser curado, ele não se defendeu, ele não tentou apresentar argumentos. Como, de repente, ele se tornou o centro da conversa?

Você certamente já viu alguém passar dificuldades, ou você mesmo já enfrentou, e notou muitas pessoas ao seu redor tentando identificar o culpado por aquilo que você enfrenta?

Muitas vezes, quando passamos por lutas, é mais fácil encontrar pessoas para julgar e dar opiniões do que efetivamente ajudar. Ouvimos frases como: "Certamente ele fez alguma coisa errada contra Deus.", ou então, pior ainda, "Essa é a mão de Deus pesando sobre essa pessoa".

O foco de Jesus nunca foi a causa da cegueira, mas, sim, a solução que ele poderia trazer para o cego.

Quando Jesus manda o cego para o tanque que se chama O Enviado, Ele estava fazendo um ato profético. Com o barro misturado à saliva, corrigia os erros do passado. O leitor se lembra de que o homem foi criado por Deus do pó da terra? Do barro? Ao pegar barro e misturar com saliva, era como se Jesus estivesse usando da matéria-prima original, agora misturada com aquilo que estava em Sua boca, para restaurar o que estava paralisado.

O nome do tanque, Siloé, que como vimos, significa "O Enviado", faz referência ao próprio Jesus, que é o único caminho, a única verdade e a única vida (Jo 14:6).

No encontro com Jesus Cristo, a cegueira espiritual acaba e novos horizontes são descobertos. Deus quer expandir visões. Tudo aquilo que poderia causar paralisia nos olhos acaba quando temos um real encontro com as águas do tanque chamado "O Enviado", com o próprio Jesus.

A quinta área a ser paralisada é a do coração

Esse é um dos ataques fulminantes do rei chamado paralisia. Existem feridas que paralisam, trazem inseguranças e medos: quando somos feridos emocionalmente, fica difícil continuar.

Sem dúvidas, a vida dá alguns golpes duros de suportar, como feridas familiares, ausência do amor de pai e mãe, defraudações emocionais, traições, decepções, amizades interrompidas por mal-entendidos e injustiças. Até mesmo feridas ministeriais e mágoas contra líderes que não souberam cuidar devidamente de quem um dia precisou. Essas são armas nas mãos da paralisia. Feridos, perdemos mobilidade na guerra: passamos a andar traumatizados, com medo de que aconteça de novo, que ninguém nos aceite mais, que nos traiam novamente; ficamos com medo de nos aproximarmos de pessoas. Medo! Porque o coração foi ferido e marcado, foi petrificado e paralisado. Quando uma seta fere o coração, a vida se esvai aos poucos.

> Sobre tudo o que se deve guardar, guarda o coração, porque dele procedem as fontes da vida. (Pv 4:23)

Deus quer dar poder de contra-ataque para enfrentar essa arma letal que consome as emoções e nos empurra para a defensiva. O perdão para aqueles que fizeram as feridas é uma das armas essenciais para atrair o bálsamo de cura e restauração. Veja o que o Senhor diz sobre isso:

> Quem mais tenho eu no céu? Não há outro em quem eu me compraza na terra. Ainda que a minha carne e o meu coração desfaleçam, Deus é a

> fortaleza do meu coração e a minha herança para sempre. (Sl 73:25,26)

Seja qual for o nível de feridas abertas que possam existir, Deus pode acabar com a paralisia e inaugurar um novo tempo para sempre. Ele dá uma ordem para a sua alma:

> Sê exaltado, ó Deus, acima dos céus; e em toda a terra esplenda a tua glória. Armaram rede aos meus passos, a minha alma está abatida; abriram cova diante de mim, mas eles mesmos caíram nela. Firme está o meu coração, ó Deus, o meu coração está firme; cantarei e entoarei louvores. Desperta, ó minha alma! Despertai, lira e harpa! Quero acordar a alva. (Sl 57:5-8)

Meu coração está preparado para despertar! Isso é o que o salmista afirma.

Agora, veja que essa afirmação ocorre num tempo em que ele enfrentava ataques. O salmista sabia o perigo que era ter o coração paralisado em meio às guerras.

Enquanto você lê estas páginas, creio que Deus esteja trabalhando o seu coração, pois Ele sabe as lutas e desafios que você enfrenta. A paralisia que tentava atacar o seu coração será impedida pelo poder que Deus tem, dando a você ferramentas para mantê-lo preservado.

A pior forma de paralisia é ficar prostrado

A tentativa final da paralisia é fazer uma situação que parecia momentânea ficar inalterada. É aquela área que não anda, e que já está há tanto tempo assim que parece que nunca vai mudar. Esse é um padrão de paralisia, mas não existe nada que Deus não possa resolver.

Situações que caminham há anos sem solução viram até rótulos: solteiro(a), desempregado(a), falido(a); todos perderam as esperanças. Isso é ação da paralisia. É como se alguém, que antes tinha toda a mobilidade, fosse de repente acometido de algo que o deita em uma cama e o faz ficar paralítico.

A Bíblia conta a história de um homem que estava em uma cama por oito anos. Quando alguém passa por uma condição que não muda há tantos anos, a fé em um milagre não está tão firme quanto no primeiro ano. Longos períodos de espera são um prato cheio para a paralisia entrar e nos colocar prostrados.

A espera por uma restauração financeira ou emocional, a expectativa longa de um novo patamar ministerial, ou até mesmo de alguém que apareça para acabar com o período interminável de solteirice. A paralisia se aproveita dessas aparentes demoras para acabar com a fé de que algo vai acontecer.

Oito anos não é tempo demais para que o Senhor se lembre de alguém:

> Passando Pedro por toda parte, desceu também aos santos que habitavam em Lida. Encontrou ali certo homem, chamado Eneias, que havia oito anos jazia de cama, pois era paralítico. Disse-lhe Pedro: Eneias, Jesus Cristo te cura! Levanta-te e arruma o teu leito. Ele, imediatamente, se levantou. Viram-no todos os habitantes de Lida e Sarona, os quais se converteram ao Senhor. (At 9:32-35)

Não importa o tempo de espera, quando Jesus visita, a paralisia acaba e a história vira testemunho para que os outros reconheçam o agir de Deus.

Eu sei que a paralisia pode cansar e afligir, mas o Espírito, desde o começo, movia-se (ver Gn 1:1), e ainda continua se movendo em favor do Seu povo:

> Também o Espírito, semelhantemente, nos assiste em nossa fraqueza; porque não sabemos orar como convém, mas o mesmo Espírito intercede por nós sobremaneira, com gemidos inexprimíveis. E aquele que sonda os corações sabe qual é a mente do Espírito, porque segundo a vontade de Deus é que ele intercede pelos santos. Sabemos que todas as coisas cooperam para o bem daqueles que amam a Deus, daqueles que são chamados segundo o seu propósito. (Rm 8:26-28)

Os Céus não estão parados. O Espírito intercede por nós, com gemidos inexprimíveis, e, quando eu tenho essa convicção, consigo entender que **todas as coisas cooperam para o bem daqueles que amam a Deus.**

Agora, entenda o papel da Trindade. Eu gostaria que você imaginasse a figura de um cenário de julgamento, de uma corte. Existe ali o Pai, que é o Criador de todas as coisas, e atua como um Juiz. Ao lado Dele há um Advogado, Jesus Cristo, que intercede por nós, e a Bíblia também diz que o Espírito Santo, geme (clama) em nosso favor, com gemidos inexprimíveis, os quais seriam difíceis de descrever com linguagem humana.

Quando o Espírito começa a clamar em nosso favor, chega o Acusador e começa a apresentar todas as nossas falhas, nossos erros do passado, aquilo que não nos faria dignos de absolvição. A Bíblia descreve essa acusação com a "cédula" de dívida que nos é contrária. É nesse momento, então, que o nosso Advogado, Jesus Cristo, pede a cédula, e simplesmente a rasga: não há mais dívida, não há mais acusação. A Bíblia também diz que Jesus cravou a cédula na cruz e o Seu sangue acabou com o débito.

Diante disso, com o Acusador calado em suas acusações, é como se o Pai, o Juiz, falasse ao Espírito: pode fazer acontecer na vida dessa pessoa. O vento de Deus começa a soprar e as coisas que estavam paradas começam a acontecer, o que estava paralisado começa a entrar em movimento.

O rei paralisia tenta permanecer escondido na caverna, mandando suas setas, mas acabamos de ver que Deus nos dá estratégias para chamar a paralisia para fora e derrotá-la. Esse rei, que achou que iria ficar quieto, escondido dentro da caverna, somente esperando o momento de atacar novamente, hoje tem o seu domínio e reinado encerrado sobre a sua história.

Revista-se de autoridade para confrontá-lo, e para acabar de vez com sua influência sobre sua vida. Mais uma vez, convido você a colocar os pés sobre o pescoço desse rei, como ensina nosso texto base (Js 10:22-26).

Ore em concordância, em fé, e com autoridade dada por Deus:

Senhor, é na autoridade do nome do Senhor Jesus Cristo que eu entro em Tua presença agora. Só o Senhor conhece as lutas que tenho enfrentado e vivido em minha vida, e o quanto a paralisia tem me afrontado. Nessa hora eu me revisto de Tua armadura e confronto esse rei que achava que podia comandar minha história. Eu ordeno que toda a paralisia nos meus pés, nas minhas mãos, nos meus ouvidos, nos meus olhos, hoje não têm mais domínio sobre a minha vida! Cuida da minha caminhada, equipa as minhas mãos, abre meus ouvidos e tira as escamas dos meus olhos para que eu enxergue pela fé.

Paralisia, eu ordeno, fora! Agora, Deus, no lugar de toda a paralisia em meu coração, que queria que eu vivesse preso às minhas feridas e traumas, eu recebo o Teu bálsamo que cura, que liberta, que restaura, e que transforma. Nunca mais em minha vida a paralisia emocional me trará tristeza, angústia, solidão, depressão e derrota. Todo o pensamento de morte que me acometia, agora, em nome de Jesus Cristo, foi derrotado em minha vida. Paralisia no coração: fora!

Por último, Deus, a paralisia não vai me deixar prostrado. Não importa o tempo de minha espera, não importa a ausência de sinais aparentes, eu declaro que minha fé e que minha esperança estão em Ti, e hoje eu sei que o Espírito se move em meu favor. Eu escolho crer e esperar em Ti.

Rei paralisia, vem para fora, sai da cova, meu pé está no seu pescoço, e a sua influência não rouba mais os planos de Deus para a minha vida. Chega de paralisia! Eu me levanto para andar na autoridade de Jesus Cristo! Tudo o que estava parado, retido, impedido e limitado hoje ganha movimento no Espírito novamente! Todas as áreas de minha vida estão sendo visitadas pelo movimento do Espírito nesta hora! Paralisia, teu reinado chegou ao fim sobre a minha vida hoje! Eu profetizo, em fé, que Deus já fez! Em nome de Jesus Cristo, Amém.

QUINTO REI

IMPOSSIBILIDADE

Não cesso de dar graças por vós, fazendo menção de vós nas minhas orações, para que o Deus de nosso Senhor Jesus Cristo, o Pai da glória, vos conceda espírito de sabedoria e de revelação no pleno conhecimento dele, iluminados os olhos do vosso coração, para saberdes qual é a esperança do seu chamamento, qual a riqueza da glória da sua herança nos santos e qual a suprema grandeza do seu poder para com os que cremos, segundo a eficácia da força do seu poder; o qual exerceu ele em Cristo, ressuscitando-o dentre os mortos e fazendo-o sentar à sua direita nos lugares celestiais, acima de todo principado, e potestade, e poder, e domínio, e de todo nome que se possa referir não só no presente século, mas também no vindouro. E pôs todas as coisas debaixo dos pés e, para ser o cabeça sobre todas as coisas, o deu à igreja, a qual é o seu corpo, a plenitude daquele que a tudo enche em todas as coisas. (Ef 1:16-23)

Algo maravilhoso a respeito de Deus é o Seu poder. Quando a Bíblia afirma esse poder, ela quer demonstrar que não há nada na terra e nos Céus mais poderoso do que o Senhor. Estar ao lado do Deus Todo-Poderoso traz segurança em meio à guerra.

> Ora, àquele que é poderoso para fazer infinitamente mais do que tudo quanto pedimos ou pensamos, conforme o seu poder que opera em nós, a ele seja a glória, na igreja e em Cristo Jesus, por todas as gerações, para todo o sempre. Amém! (Ef 3:20)

A palavra "poder", no versículo acima, vem do original grego *dynamis*, que significa poder inerente, poder para realizar milagres, e poder que há em exércitos. O que mais me chama atenção é o "poder inerente", ou seja, Deus não apenas tem poder, mas **Ele é o poder absoluto**.

Mesmo assim, no decorrer da guerra, há um rei que tenta defender a mentira de que o poder de Deus é limitado. Esse é o último rei escondido na cova e é chamado de **IMPOSSIBILIDADE**.

Impossibilidade é um substantivo feminino que significa: "condição do que é impossível; falta de capacidade; ineficácia em acertar todos os objetivos; aquilo que não se pode realizar". Dessa forma, o antônimo da impossibilidade é a **POSSIBILIDADE**.

Hoje eu quero propor algo a você: entre escolher impossibilidade ou possibilidade, escolha acabar com a impossibilidade e se entregar para o Deus de toda a possibilidade, para o Deus de todo o poder, para o Deus de toda a segurança. Porque o poder de Deus não se expressa quando eu estou forte, mas, como a Bíblia diz, na minha fraqueza (2Co 12:10), na área que eu não consigo dominar, naquilo que não está no meu controle; na verdade o poder de Deus se manifesta na minha impossibilidade.

Sempre que surge alguma batalha, esse é o rei com o maior poder e influência. Porque de nada adianta lutar contra todos os outros reis se você ainda acreditar que existem impossíveis para Deus.

A impossibilidade imediatamente estabelece seu padrão, que parece ser intransponível. Esse padrão é o que nos faz duvidar de que Deus pode fazer grandes milagres, é o que nos faz crer e depender das circunstâncias que vivemos, que nos faz deixar de viver pela fé.

A impossibilidade coloca o poder de Deus em questionamento, ela ataca no meio da batalha e desafia a fé de tal forma que deixamos de crer que Deus age. Jesus conhecia tudo que aos olhos humanos parecia impossível e sabia que enfrentaria questionamentos de impossibilidade em Sua trajetória na terra, mas Ele se movia pela fé.

> Filipe encontrou a Natanael e disse-lhe: Achamos aquele de quem Moisés escreveu na lei, e a quem se referiram os profetas: Jesus, o Nazareno, filho de José. Perguntou-lhe Natanael: De Nazaré pode sair alguma coisa boa? Respondeu-lhe Filipe: Vem e vê. (Jo 1:45,46)

Os estudiosos da Lei esperavam havia muitos anos pelo cumprimento das promessas encontradas no Antigo Testamento, de que um dia o Messias chegaria. Quando Filipe conta a Natanael que a espera havia acabado, a impossibilidade gritou na mente de Natanael, e um questionamento invadiu seu coração: "Como alguma coisa boa viria de Nazaré?". Essa não era uma pergunta cheia de preconceitos, mas certamente, como conhecedor dos relatos dos profetas do Antigo Testamento, ele sabia quando os profetas diziam que de Belém viria a salvação para os judeus.

Quando Natanael responde com os olhos na impossibilidade, Filipe simplesmente o desafia: "Vem e vê".

Essa é a resposta para as aparentes impossibilidades. **Apenas creia. "Vem e vê".**

O que Natanael não sabia era que estava prestes a ser surpreendido com um encontro com Aquele que torna o impossível possível:

> Jesus viu Natanael aproximar-se e disse a seu respeito: Eis um verdadeiro israelita, em quem não há dolo! Perguntou-lhe Natanael: Donde me conheces? Respondeu-lhe Jesus: Antes de Filipe te chamar, eu te vi, quando estavas debaixo da figueira. (Jo 1:47,48)

Natanael ficou surpreso com a resposta de Jesus: "Eu te vi embaixo da figueira".

Para entender a profundidade do que Jesus disse, é preciso enxergar além desse versículo: naquela época, na região desértica e quente em que o povo vivia, era comum que os estudiosos das Escrituras procurassem sombras de grandes árvores para fazer a leitura dos livros da Lei.

Quantas vezes, embaixo da figueira, Natanael leu as promessas sobre o Messias, sobre o que aconteceria quando Ele chegasse. Certamente, ele deve ter clamado a Deus para que o Messias viesse diversas vezes, ali embaixo da figueira.

Quando Jesus diz a Natanael que o viu embaixo da figueira, na verdade Ele dizia: "Eu ouvi o teu clamor, eu ouvi tua petição, parecia impossível, mas eu estou diante de seus olhos agora".

No meio de nossa impossibilidade, Deus nos diz: "Eu ouço o teu clamor, tua oração chega aos Céus, eu vou cuidar do que parece impossível".

Diante daquele que tornou o impossível possível, Natanael não teve outra opção, a não ser reconhecer quem Jesus era:

> Então, exclamou Natanael: Mestre, tu és o Filho de Deus, tu és o Rei de Israel! (Jo 1:49)

O mais interessante é que, baseado no reconhecimento da possibilidade diante da impossibilidade, Natanael recebeu promessa maior:

> Ao que Jesus lhe respondeu: Porque te disse que te vi debaixo da figueira, crês? Pois maiores coisas do que estas verás. E acrescentou: Em verdade, em verdade vos digo que vereis o céu aberto e os anjos de Deus subindo e descendo sobre o Filho do Homem. (Jo 1:50,51)

Jesus disse para ele que era apenas o começo das coisas sobrenaturais que testemunharia.

Quando Deus chama para um outro nível, quando Deus chama para uma nova história, quer dizer que os Céus estão abertos sobre nós. Quando a impossibilidade termina, os sonhos de Deus se apresentam bem maiores do que se esperava. O rei impossibilidade nunca vai limitar o poder de Deus.

A impossibilidade olha apenas para as circunstâncias

Uma das formas de a impossibilidade ganhar terreno é colocar o nosso olhar apenas nas circunstâncias momentâneas: ela tira o componente divino, e age somente com o componente terreno, com aquilo que eu tenho nas mãos. Ao focar no que acontece ao redor, a impossibilidade exerce pressão sobre a nossa vida.

Existem algumas estratégias de pressão que a impossibilidade exerce.

Inferioridade

Sempre que algo novo ou grande surge, a impossibilidade diz que somos pequenos demais para receber tamanha bênção. Deus prometeu, mas parece grande demais para você.

É verdade que ninguém é digno, mas é exatamente aí que entra a graça de Deus para conceder aquilo que não merecemos. Os sentimentos de inferioridade não podem ditar as regras e leis do que acontecerá, porque, quando Deus nos chama, Ele não conta com as nossas qualidades nem com os nossos defeitos, simplesmente chama a nossa vida, a transforma e a usa para o propósito maior que Ele tem.

Quando Moisés foi chamado por Deus de forma sobrenatural para uma missão muito maior do que ele mesmo, não conseguiu pensar em nada, a não ser na pressão da impossibilidade.

> Então, disse Moisés a Deus: Quem sou eu para ir a Faraó e tirar do Egito os filhos de Israel? (Êx 3:11)

Percebeu como Moisés simplesmente ignorou toda a atmosfera sobrenatural que estava vivendo?

Essa história está descrita em Êxodo, capítulo 3. Moisés estava vendo uma pequena árvore com uma chama de fogo, mas que não se queimava. Ele também ouvia uma voz chamá-lo pelo nome, conversar com ele, e o comissionar para coisas grandes. Mesmo assim, tudo o que conseguiu argumentar e enxergar era o quão pequeno ele era, e o quanto não poderia ser o escolhido. Estava olhando para a impossibilidade.

É preciso derrotar esse rei. Promessas grandes virão, mas a escolha deve ser ouvir o Rei dos reis, que prometeu e é poderoso para fazer acontecer.

Inexperiência

Uma das acusações que a impossibilidade mais faz é que não temos sabedoria suficiente para receber aquilo que Deus vai fazer. Há insegurança no que falar devido à falta de conhecimento ou preparo adequados, e isso nos faz acreditar que nunca seremos bons o suficiente.

Durante anos, Josué foi um bom ajudante. Ele via Moisés conduzir o povo com excelência, com sabedoria e com experiência. Uma coisa é ser ajudante, outra é, da noite para o dia, se tornar o líder do povo. Josué estava atemorizado com essa situação. A impossibilidade batia em sua porta, dizendo que ele jamais seria um líder como Moisés.

Sem dúvida, muitos questionamentos deviam estar em sua mente: "Como vou conduzir e conquistar o respeito de todo esse povo? Será que serei um líder capaz?".

O cenário era que Moisés havia morrido, e aparentemente Josué poderia pensar não estar pronto o suficiente para aquele momento, para aquela tarefa tão importante de conduzir o povo.

O mesmo acontece quando responsabilidades grandes são entregues a pessoas que se consideram pequenas demais: elas nunca se sentem prontas para assumir. Contudo, veja o que Deus fala para Josué:

> Moisés, meu servo, é morto; dispõe-te, agora, passa este Jordão, tu e todo este povo, à terra que eu dou aos filhos de Israel. Todo lugar que pisar a planta do vosso pé, vo-lo tenho dado, como eu prometi a Moisés. (Js 1:2,3)

Veja que maravilhoso o que Deus disse a Josué. Era como se Ele falasse: "Chegou a tua hora, como eu fui com Moisés eu serei contigo, conquiste". É reconfortante, em um momento de transição como esse, poder ouvir a afirmação de Deus.

Ninguém é pequeno, sem conhecimento nenhum, novo ou velho demais para exercer aquilo que Deus designou. Ele acelera os tempos. Se é preciso qualificação, o Senhor dá sabedoria para obtê-la; se é capacitação, Ele capacita. A impossibilidade não pode interromper o ciclo de bênção que Deus tem para derramar.

Medo

Medo é um tremendo fator limítrofe trazido pela impossibilidade. Quem age influenciado pelo medo nunca está apto a tomar decisões sábias ou adequadas. Aquele que deixa o medo ganhar força está sempre acuado em um canto com receio de ser ousado. A impossibilidade gera medo e insegurança para mover-se de acordo com o Espírito; mas Deus quer nos dar encorajamento.

Gideão foi comissionado por Deus em um momento de incrível medo. O local adequado para trabalhar com o trigo era chamado de eira, porém o roubo e os ataques dos inimigos eram tantos, e o medo de Gideão era tão grande, que ele se escondeu no lagar (um buraco onde se pisavam as uvas) para trabalhar com o trigo. Ele estava acuado pelo medo e pela impossibilidade de transformar a situação. Isso, até ser visitado por Deus:

> Então, veio o Anjo do Senhor, e assentou-se debaixo do carvalho que está em Ofra, que pertencia a Joás, abiezrita; e Gideão, seu filho, estava malhando o trigo no lagar, para o pôr a salvo dos midianitas. (Jz 6:11)

Que situação vexatória, ser encontrado escondido dentro de um buraco por um anjo; o medo faz isso. Mas e quanto a nós, o que normalmente tira a nossa paz?

A pergunta não é se você tem medos, mas quais são os medos que o perseguem.

Talvez o medo de não encontrar alguém e ficar sozinho, de ficar enfermo, de não ter condições para sustentar a família ou não conseguir honrar as expectativas do trabalho. A impossibilidade é especializada em inserir medos.

Ali, no local de esconderijo, Gideão vê o anjo falar de maneira profética:

> Então o anjo do Senhor lhe apareceu, e lhe disse: **O Senhor é contigo, homem valente**. (Jz 6:12)

Como pode ser chamado de corajoso um homem escondido no buraco? Entenda algo: Deus nunca chama Seus valentes pelo nome da circunstância atual, mas pelo nome da circunstância profética. Nem mesmo Gideão imaginava o que poderia representar para Deus, e que ousadia ele teria para batalhar, mas, profeticamente, o Senhor chamava aquilo à existência.

Pode ser que a situação atual não ofereça qualquer coragem para o futuro, mas mesmo assim Deus tem um nome profético que define um futuro grandioso. O medo precisa acabar para que a ousadia e a coragem em Deus se estabeleçam.

Desânimo

O rei impossibilidade é mestre em desanimar. Existem fases da batalha que uma trégua para descansar é o desejo que prevalece. Davi viveu isso. Ele lutou tanto que preferiu se esconder em uma caverna. No entanto, refugiar-se dentro da caverna no meio da guerra não muda o curso da batalha do lado de fora.

Mesmo na caverna, Davi percebeu algo: ali existiam pessoas que passavam situações semelhantes, ou piores, que a dele. Ou seja, não era só ele quem enfrentava problemas. Da impossibilidade, Deus deu a Davi um exército.

> Davi retirou-se dali e se refugiou na caverna de Adulão; quando ouviram isso seus irmãos e toda a casa de seu pai, desceram ali para ter com ele. Ajuntaram-se a ele todos os homens que se achavam em aperto, e todo homem endividado, e todos os amargurados de espírito, e ele se fez chefe deles; e eram com ele uns quatrocentos homens. (1Sm 22:1,2)

Esses quatrocentos homens se transformaram em um exército tão poderoso, que passaram a ser conhecidos como "os valentes de Davi", aqueles que venceram as maiores guerras; pessoas nas quais ninguém apostava, que viviam impossibilidades e passaram a viver possibilidades com Deus. **Dentro da impossibilidade, Deus vai levantar um exército.**

Culpa

Sabe quando você acha que não vive o que tem expectativa porque é culpado de alguma forma?

> Então, disse eu: ai de mim! Estou perdido! Porque sou homem de lábios impuros, habito no meio de um povo de impuros lábios, e os meus olhos viram o Rei, o Senhor dos Exércitos! Então, um dos serafins voou para mim, trazendo na mão uma brasa viva, que tirara do altar com uma tenaz; com a brasa tocou a minha boca e disse: Eis que ela tocou os teus

lábios; a tua iniquidade foi tirada, e perdoado, o teu pecado. Depois disto, ouvi a voz do Senhor, que dizia: A quem enviarei, e quem há de ir por nós? Disse eu: eis-me aqui, envia-me a mim. (Is 6:5-8)

Depois de uma visitação sobrenatural de Deus, o profeta se sente culpado: "Ai de mim. Eu vi a Deus e continuo errando, e agora?". Após isso, há um toque do anjo: "A tua iniquidade foi tirada e o teu pecado perdoado".

Dessa forma o profeta se apresenta a Deus: "Eis-me aqui, envia-me a mim". Apesar dos meus erros, das minhas falhas, da minha impureza, dos meus tropeços, estou pronto para que o Senhor faça na minha história, estou pronto para que o impossível venha.

Apenas esse rei chamado impossibilidade tem o interesse de trazer culpa sobre os seus ombros. Pare de viver na impossibilidade porque você se sente culpado, pois o seu pecado já foi perdoado na cruz do Calvário.

Mencionei no capítulo anterior o texto em que Jesus rasgou o escrito de dívida que nos era contrária, e gostaria que você pudesse assimilar a verdade deste versículo.

Tendo cancelado o escrito de dívida, que era contra nós e que constava de ordenanças, o qual nos era prejudicial, removeu-o inteiramente, encravando-o na cruz. (Cl 2:14)

A culpa não pode mais acusá-lo, ou tentar dominá-lo. Jesus já anulou a dívida, já pagou o preço, e agora podemos dizer que somos livres.

> Agora, pois, já nenhuma condenação há para os que estão em Cristo Jesus. (Rm 8:1)

Solidão

A impossibilidade diz que estamos sozinhos nas lutas, que ninguém liga ou se importa conosco. Elias se sentiu assim, e o mais interessante é que foi logo após uma grande vitória.

A solidão não se expressa somente fisicamente, mas também pode ser uma condição emocional, e até mesmo espiritual.

Você pode estar rodeado de pessoas, e mesmo assim se sentir sozinho. Pode estar casado com alguém, e mesmo assim se sentir na solidão.

Aqueles que lidam com grande exposição pública também podem se sentir assim. Estão cercados de gente o tempo todo, mas, ao mesmo tempo, sozinhos. Acontece com atores, cantores, atletas, personalidades e até mesmo com líderes ou pastores. Com o sentimento de solidão fica difícil continuar.

Depois de uma grande conquista, Elias voltou para sua rotina de solidão e o vazio foi tão grande que até da vida chegou a desistir:

> Ele mesmo, porém, se foi ao deserto, caminho de um dia, e veio, e se assentou debaixo de um zimbro; e pediu para si a morte e disse: Basta; toma agora, ó Senhor, a minha alma, pois não sou melhor do que meus pais. (1Rs 19:4)

Elias dormiu para não acordar mais, mas foi despertado por um anjo com a ordem de se alimentar e prosseguir.

> Deitou-se e dormiu debaixo do zimbro; eis que um anjo o tocou e lhe disse: Levanta-te e come. Olhou ele e viu, junto à cabeceira, um pão cozido sobre pedras em brasa e uma botija de água. Comeu, bebeu e tornou a dormir. Voltou segunda vez o anjo do Senhor, tocou-o e lhe disse: Levanta-te e come, porque o caminho te será sobremodo longo. (1Rs 19:5-7)

Quando parece o fim da linha, o término da esperança, o esgotamento das forças, Deus nos desperta, traz alimento e diz que a caminhada continua.

A impossibilidade quer que você desista do melhor de Deus

A intenção do rei impossibilidade é roubar o momento da liberação profética de Deus. É aquela dúvida de última hora que pode colocar tudo a perder: o tempo de espera, a fé e a perseverança, e nos levar a fazer do nosso próprio jeito bem no momento em que Deus está para derramar algo novo sobre as nossas vidas.

Quando Jesus visitou a casa de seus amigos Marta, Maria e Lázaro, na ocasião da morte de Lázaro, Ele queria e poderia realizar um milagre que ia além de qualquer improvável. Marta, apesar de crer, quando se encontrou diante de um pedido inusitado de Jesus para que a pedra fosse removida, argumentou com impossibilidade:

> Mas alguns objetaram: Não podia ele, que abriu os olhos ao cego, fazer que este não morresse? Jesus, agitando-se novamente em si mesmo, encaminhou-se para o túmulo; era este uma gruta a cuja entrada tinham posto uma pedra. Então, ordenou Jesus: Tirai a pedra. Disse-lhe Marta, irmã do morto: Senhor, já cheira mal, porque já é de quatro dias. Respondeu-lhe Jesus: Não te disse eu que, se creres, verás a glória de Deus? (Jo 11:37-40)

Marta estava diante de um Jesus que sabidamente poderia fazer milagres. Mesmo assim, devido à tristeza, às perdas e ao cenário, tudo o que ela podia enxergar era o tamanho da pedra a ser removida. Impossibilidade!

Jesus nunca se deixou dominar pela impossibilidade, mas pelo poder sobrenatural que havia em Seu Pai. O que hoje é altamente improvável, Deus pode fazer.

Deixe eu contar um segredo da guerra ao leitor: **quando a impossibilidade se apresenta, é o momento da guerra que Deus mais ama**, porque ao entregarmos o impossível nas Suas mãos, chegou a hora de Ele agir integralmente; e as pessoas terão de reconhecer que foi Ele quem fez.

A impossibilidade nunca foi obstáculo para Deus. Desde os patriarcas da fé, como Abraão, por exemplo, Ele já mostrava Seu poder aos Seus escolhidos e ao mundo. Ele deu filhos à estéril. Sara era esposa de Abraão, que não podia gerar filhos. No entanto, sobre Abraão estava a promessa de ser pai de muitas nações.

> Visitou o Senhor a Sara, como lhe dissera, e o Senhor cumpriu o que lhe havia prometido. Sara concebeu e deu à luz um filho a Abraão na sua velhice, no tempo determinado, de que Deus lhe falara. Ao filho que lhe nasceu, que Sara lhe dera à luz, pôs Abraão o nome de Isaque. (Gn 21:1-3)

Como crer que Deus daria um filho para um casal de idade avançada, que não tinha para quem recorrer, senão apenas esperar em Deus pelo cumprimento de Sua promessa?

Independentemente de sua impossibilidade, Deus vai agir de forma sobrenatural. Ele conhece as suas lágrimas, a sua espera, e o quanto você tem sido testado em sua fé.

Chegou a hora de a impossibilidade encontrar o Deus do Impossível.

> Quando o Senhor restaurou a sorte de Sião, ficamos como quem sonha. Então, a nossa boca se encheu de riso, e a nossa língua, de júbilo; então, entre as nações se dizia: Grandes coisas o Senhor tem feito por eles. Com efeito, grandes coisas fez o Senhor por nós; por isso, estamos alegres. Restaura, Senhor, a nossa sorte, como as torrentes no Neguebe. Os que com lágrimas semeiam com júbilo ceifarão. Quem sai andando e chorando, enquanto semeia, voltará com júbilo, trazendo os seus feixes. (Sl 126:1-6)

Quando o Deus do impossível nos visita, Ele muda a nossa história. Quer maior impossibilidade do que ter à frente um mar, do outro lado uma multidão que não tem para onde ir e, atrás, um exército pronto para atacar?

Como atravessar milhões de pessoas para o outro lado do mar, sem ser atacado pelo inimigo? Impossibilidade...

Seria uma morte iminente, mas Deus está acima da morte: **Ele abriu o mar.**

> Moisés, porém, respondeu ao povo: Não temais; aquietai-vos e vede o livramento do Senhor que, hoje, vos fará; porque os egípcios, que hoje vedes, nunca mais os tornareis a ver. O Senhor pelejará por vós, e vós vos calareis. Disse o Senhor a Moisés: Por que clamas a mim? Dize aos filhos de Israel que marchem. E tu, levanta o teu bordão, estende a mão sobre o mar e divide-o, para que os filhos de Israel passem pelo meio do mar em seco. (Êx 14:13-16)

Deus chamou o improvável para viver o impossível

Davi era o menor de sua casa, a impossibilidade não o considerava como opção para os propósitos de Deus, mas o Senhor está acima da escolha humana. E ele teve que enfrentar inúmeras situações que o queriam marcar com impossibilidade. Seu pai nem o convidou para ver um dos filhos sendo ungido rei, imagine, então, pensar se o pai o consideraria como aquele que seria ungido.

> Perguntou Samuel a Jessé: Acabaram-se os teus filhos? Ele respondeu: Ainda falta o mais moço, que está apascentando as ovelhas. Disse, pois, Samuel a Jessé: Manda chamá-lo, pois não nos assentaremos à mesa sem que ele venha. Então, mandou chamá-lo e fê-lo entrar. Era ele ruivo, de belos olhos e boa aparência. Disse o Senhor: Levanta-te e unge-o, pois este é ele. (1Sm 16:11,12)

Davi, um menino que não tinha o direito de sequer ousar a pensar em coisas grandes, estava vendo a pressão da impossibilidade ir embora, quando foi ungido e separado por Deus, na sala de sua casa, vindo direto de sua função de cuidar das ovelhas de seu pai.

Deus tem todo o controle

Depende de Deus o agir diante da impossibilidade. A palavra final será sempre Dele, e isso deve nos trazer tranquilidade.

Maria é outro exemplo claro de como a impossibilidade acaba quando Deus assume o controle da história. Ela foi visitada por um anjo quando menos esperava. Como se não bastasse o sobrenatural da visita de um anjo, foi ainda mais improvável o que ela escutou:

> Eis que conceberás e darás à luz um filho, a quem chamarás pelo nome de Jesus. Este será grande e será chamado Filho do Altíssimo; Deus, o Senhor, lhe dará o trono de Davi, seu pai; ele reinará para sempre sobre a casa de Jacó, e o seu reinado não terá fim. (Lc 1:31-33)

A reação de Maria foi de total impossibilidade, porque ela conhecia a própria história: nunca tinha se envolvido com homem nenhum e o anjo dizia que ela teria um filho. Quando Deus promete algo, a responsabilidade passa a ser Dele.

> Então, disse Maria ao anjo: **Como será isto, pois não tenho relação com homem algum?** (Lc 1:34)

O que Maria não considerava é que quem prometia era o Deus acima da impossibilidade. Quando Ele promete, as circunstâncias naturais não importam. Ele está acima da naturalidade humana. O segredo estava no tipo de visitação que Maria iria receber, e que está à disposição de todos.

> Respondeu-lhe o anjo: Descerá sobre ti o Espírito Santo, e o poder do Altíssimo te envolverá com a sua sombra; por isso, também o ente santo que há de nascer será chamado Filho de Deus. E Isabel, tua parenta, igualmente concebeu um filho na sua velhice, sendo este já o sexto mês para aquela que diziam ser estéril. Porque para Deus não haverá impossíveis em todas as suas promessas. (Lc 1:35-37)

Dê uma pausa na leitura agora e peça para que o Espírito Santo o revista com o Seu poder. Que a sombra do Espírito Santo o envolva agora.

Para Deus nada é impossível. É Ele quem acaba com a impossibilidade que atormenta. Ele é Deus, e o Seu poder é ilimitado.

> Eis que eu sou o Senhor, o Deus de todos os viventes; acaso, haveria coisa demasiadamente maravilhosa para mim? (Jr 32:27)

Cada rei representou uma área de atuação do inimigo para interferir no curso da batalha que cada um de nós enfrenta. **Chegou a hora de aniquilarmos com o último!**

Sei que já viu esta passagem base em todo o livro, mas vamos recapitular para que você não esqueça nunca mais que Deus coloca os seus inimigos, as impossibilidades debaixo dos seus pés.

> Depois, disse Josué: Abri a boca da cova e dali trazei-me aqueles cinco reis. Fizeram, pois, assim e da cova lhe trouxeram os cinco reis: o rei de Jerusalém, o de Hebrom, o de Jarmute, o de Laquis e o de Eglom. Trazidos os reis a Josué, chamou este todos os homens de Israel e disse aos capitães do exército que tinham ido com ele: Chegai, ponde o pé sobre o pescoço destes reis. E chegaram e puseram os pés sobre os pescoços deles. Então, Josué lhes disse: Não temais, nem vos atemorizeis; sede fortes e corajosos, porque assim fará o Senhor a todos os vossos inimigos, contra os quais pelejardes. (Js 10:22-25)

Não há como caminhar em vitória se esse rei sempre influencia na direção contrária. **O rei da impossibilidade precisa ser derrotado. A influência dos cinco reis nunca mais terá domínio.**

> Depois disto, Josué, ferindo-os, os matou e os pendurou em cinco madeiros; e ficaram eles pendentes dos madeiros até à tarde. Ao pôr do sol, deu Josué ordem que os tirassem dos madeiros; e lançaram-nos na cova onde se tinham escondido e, na boca da cova, puseram grandes pedras que ainda lá se encontram até ao dia de hoje. (Js 10:26,27)

Com a morte desse rei, a impossibilidade acaba, e o sobrenatural de Deus vai começar a se manifestar sobre a sua vida. Os seus sonhos não são maiores do que o poder do seu Deus: **comece a viver o impossível.** Vamos orar:

Pai, eu Te louvo pelo Teu amor pela minha vida. Te agradeço porque os Teus planos são reais e maiores do que eu poderia imaginar. Agora, eu me revisto da autoridade que há no nome de Jesus Cristo para entrar em guerra contra esse último rei que estava escondido na caverna, planejando contra os Teus projetos para mim. Nesta hora eu declaro em fé que tudo é possível para Deus.

Todo o sentimento e toda a influência que a impossibilidade exercia sobre a minha vida eu quebro agora, em nome de Jesus Cristo. Todo o sentimento de inferioridade, toda a pequenez, a pressão pela inexperiência, todo o sentimento de medo e desânimo, eu ordeno: fora! Todo sentimento de solidão que a impossibilidade trazia, fazendo-me ficar acuado, desprezado, ferido, hoje eu decreto: fora!

Toda voz de impossibilidade que tentava diminuir minha fé no poder de Deus sobre a minha vida está anulada hoje. Nesta hora, rei impossibilidade, na autoridade de Jesus Cristo, eu digo: vem para fora! Meu pé está no teu pescoço, porque hoje chegou o teu fim sobre a minha vida!

CONCLUSÃO

CAMINHANDO EM VITÓRIA

Em todas estas coisas, porém, somos mais que vencedores, por meio daquele que nos amou. (Rm 8:37)

Não há dúvidas de que a vida é repleta de batalhas, e de que muitas lutas ainda virão.

Mesmo em meio a lutas, continuaremos amadurecendo, e nos moldando para aquilo que Deus nos preparou.

No texto de introdução deste capítulo, a palavra "vencedor", no original grego *hupernikao*, significa "alguém que venceu ao longo de um processo".

Entenda, então, que em Deus muitas coisas estão envolvidas em processos. Temos que saber que, independentemente de nossa noção de tempo e da cronologia natural, a vida será composta de vitórias, conquistas e realizações, mas também de derrotas, frustrações e perdas.

O que deve ser lembrado é que, ao longo da guerra, e no percurso da batalha, Deus sempre dará **estratégias para vencer.**

Ao terminar este livro, tenha a convicção de que os reis que arquitetavam em silêncio não terão mais voz ativa. Sempre que uma nova guerra aparecer, esses reis não terão qualquer autoridade; se tentarem agir, você terá as armas para se defender.

Reis rejeição, mediocridade, rapina, paralisia e impossibilidade não possuem mais governo, sua influência não têm mais efeito e seus planos foram desmascarados e frustrados.

O **Único Rei** que comanda a nossa história é Jesus Cristo, nosso Senhor e Salvador!

> Vi o céu aberto, e eis um cavalo branco. O seu cavaleiro se chama Fiel e Verdadeiro e julga e peleja com justiça. Os seus olhos são chama de fogo; na sua cabeça, há muitos diademas; tem um nome escrito que ninguém conhece, senão ele mesmo. Está vestido com um manto tinto de sangue, e o seu nome se chama o Verbo de Deus; e seguiam-no os exércitos que há no céu, montando cavalos brancos, com vestiduras de linho finíssimo, branco e puro. Sai da sua boca uma espada afiada, para com ela ferir as nações; e ele mesmo as regerá com cetro de ferro e, pessoalmente, pisa o lagar do vinho do furor da ira do Deus Todo-Poderoso. Tem no seu manto e na sua coxa um nome inscrito: Rei dos Reis e Senhor dos Senhores. (Ap 19:11-16)

Minha oração é para que a leitura dessas páginas tenha edificado sua fé e lhe fornecido armas para lutar.

Entendo que este não deva ser um livro que você leia uma só vez. Na realidade, sempre que estiver enfrentando guerras e identificar a atuação desses reis, leia cada capítulo novamente, e se alimente dos princípios que foram aqui fornecidos.

Que Deus o abençoe e lhe dê forças para sempre prosseguir no amor de Cristo.

REFERÊNCIAS

BÍBLIA, Português. *A Bíblia Sagrada*. Tradução de João Ferreira de Almeida. Edição revista e corrigida. São Paulo: Sociedade Bíblica do Brasil, 1995.

_______. *A Bíblia Sagrada*. Tradução de João Ferreira de Almeida. Edição revista e atualizada. São Paulo: Sociedade Bíblica do Brasil, 2009.

BARKER, Dr. Warren Patrick (ed.); ZODHIATES, Dr. Spiros (ed.). *The Hebrew-Greek Key Word Study Bible*. Key Word Study Bibles. Tennessee: AMG Publishers; None, ESV Bible Version, Bonded Leather Black edition. Outubro de 2013.

FERREIRA, Aurélio B. Hollanda. *Novo dicionário da língua portuguesa*. Rio de Janeiro: Nova Fronteira, 1975.

CONTATOS DO AUTOR

INSTAGRAM: @prfelipeparente

SITE: www.felipeparente.com

E-MAIL: contato@felipeparente.com

FONTE: Adobe Caslon Pro